Saafgoi : साफगोई

(A collection of Short Poems
by Abda Khatoon
आब्दा खातून द्वारा संग्रहित कविताओं का संकलन)

About the author

नाम: आब्दा खातून
जन्मस्थान: गया, बिहार, भारत
शिक्षा: बी.ए. (Hons.) इतिहास

बचपन से ही मुझे कुछ लिखते रहने का शौक रहा है। मेरी लेखनी में हिंदी शब्दों के साथ उर्दू लफ़्ज़ों का समावेश भी देखने को गाहे गाहे मिलेगा। मेरी कई *विषयों पर शायरी लिखने की कोशिश निरंतर जारी है।*

You can also follow me on my social media handles or write to me as below

आप मुझे मेरे सोशल मीडिया हैंडल्स पर भी फ़ॉलो कर सकते हैं या मेरे नीचे दिए गए तरीके से मुझसे संपर्क कर सकते हैं:

Acknowledgement

शायरी के सफ़र में बहुत लोगों ने योगदान दिया है।

सबसे पहले मैं अल्लाह- ए- पाक का शुक्रिया अदा करती हूँ जिन्होंने विचारों को साकार करने का हुनर दिया।

फिर अपनी " माँ " को श्रेय देना चाहूँगी जिन्होंने मुझे बहुत हिम्मत दी।

मेरे बच्चों (बेटियों, दमादों) ने भी बहुत प्रेरित किया और मेरे पति ने भी मेरा हौसला बुलंद किया

Preface

देश को सम्मान दिलाने के लिए बढ़,

तिरंगे को आसमान में फहराने के लिए बढ़

सारी दुनिया में अपने रुतबे जताने के लिए बढ़,

कठिनाइयों को रस्ते से हटाने के लिए बढ़

Khuda-e-Pak खुदा-ए-पाक

ऐ खुदा मुझको संभाल हर अज़ीयत से

मैं वाबस्ता रहूँ तेरे दीन और शरीयत से

गर हो जाये मुझसे कोई भूल कोई गुनाह

मुझे साबित कदम रखना मेरी तबीयत से

हर लम्हा मेरी ज़बान पे तेरा ही विर्द हो

बचा लेना मैदान-ए-हश्र में हर फ़ज़ीहत से

दिल-ओ-दिमाग़ दिशाहीन हो चले हैं अब

मेरी रूह को रोशन कर देना अपने फ़ज़ीलत से

हर ग़म दर्द-ओ-अलम हर बढ़ती हुई, ज़हनी कशमकश में

मैं सिर्फ़ और सिर्फ़ तुझे ही आवाज़ दूं पूरे शिद्दत से

This book contains the following poems

1 Desh k jawano देश के जवानों
2 Ajab Kashmakash hai अजब कश्मकश है
3 Dikhta kaun hai दिखता कौन है
4 Mohabbat Chhan Bhangur मोहब्बत क्षण भंगुर
5 Nazrein Mili नज़रें मिलीं
6 Nigahon ki khata निगाहों की ख़ता
7 Dosti दोस्ती
8 Ishq ka qatil इश्क़ का कातिल
9 Khaas ho jayege ख़ास हो जाएंगे
10 Makar wa Fareb मकर व फ़रेब
11 Kabr कब्र
12 Chaav चाव
13 Taleem ki Roshni तालीम की रोशनी
14 Kathinai ka ant कठिनाई का अंत
15 Gazal ग़ज़ल
16 Mohabbat ki kasauti मोहब्बत की क़सौटी
17 Ek buzurg ka dard एक बुज़ुर्ग का दर्द
18 Call कॉल
19 Samajh ki khata समझ की खता
20 Bharosa Choor Choor भरोसा चूर चूर
21 Bistar-e-marg बिस्तर-ए-मर्ग
22 Rishta yaari ka रिश्ता यारी का
23 Kamyabi ki kunji कामयाबी की कुंजी
24 Zaahir na kijiye dard ज़ाहिर न कीजिए दर्द
25 Har insaan juda हर इंसान जुदा
26 Kaanch ka gharonda कांच का घरौंदा
27 Dimag sach kehta hai दिमाग सच कहता है
28 Mod de rukh मोड़ दे रुख

1. Desh k jawano देश के जवानों

देश को सम्मान दिलाने के लिए बढ़,
तिरंगे को आसमान में फहराने के लिए बढ़।

सारी दुनिया में अपने रुतबे जताने के लिए बढ़,
कठिनाइयों को रस्ते से हटाने के लिए बढ़।

मंजिल की परवाह हो ना, घर की हो फिकर,
दुश्मनों को तू सदैव ललकारने के लिए बढ़।

2. Ajeebb Kashmakash hai अजीब कश्मकश है

वो चाहता भी है, बयान करने से कतराता भी है
सामने से सामना करता भी है, और बचता फिरता भी है

मैं उसे जानती तो हूँ, पर गहराई से जानती भी नहीं
ऊपर से ऊपर से देखा है, भीतर से पहचानती भी नहीं

उसे लेकर मेरे दिल-व-दिमाग में अजीब कश्मकश है
नज़रों के पलकों के तले छिड़ गई एक अजीब बहस है

दिल अच्छा कहता रहा, दिमाग खफा खफा है
नज़रों के पलड़ो पे तौला, परिणाम जुदा जुदा है

वो कहता कुछ और है, करता रहा कुछ और
संग संग जीवन बढ़ नहीं सकता तो बंद कर दिए सारे डोर

3. Dikhta kaun hai दिखता कौन है

तुम तो ज़िंदगी से जा चुके हो, ज़माना हो गया
आज तक मेरे अंदर फिर रहता कौन है

तुम्हारी बेवफ़ाई का मातम तो कब का ख़त्म हुआ
मैं हर दिन जिससे लड़ती हूँ, फिर वो बंदा कौन है

तुम्हारी मोहब्बत का आयाम तो बहुत ही तंग था
फिर अरसा से मेरे वजूद में पिन्हा वो लड़का कौन
है

अपने आपसे हर लम्हा चलती आई जो मेरी जंग
है
इस जिस्म के अंदर आखिर दूजा रहता कौन है

मेरा हमदम जब कोई नहीं रहा इस जहां में
तो मुझे मेरे सिवा मुझ में आखिर दिखता कौन है

4. Mohabbat Chhan Bhangur मोहब्बत क्षण भंगुर

मोहब्बत क्षण भंगुर है
असलियत से कोसों दूर है

ये दो दिलों की तड़प का नाम है
ये दुनिया में बहुत बदनाम है

इसने कितनों की जान ली है
ज़िंदा लोगों की जिंदगी बलिदान ली है

दिलबरों को जिंदा लाश करके छोड़ा है
दो चाहने वालों को हताश करके छोड़ा है।

5. Nazrein Mili नज़रें मिलीं

नज़रें जब उनसे मिलीं, होश मेरे उड़ गए
दिल और दिमाग मेरे उसकी जानिब मुड़ गए

दिल बे-तहाशा धड़का, दिमाग ने काम करना बंद
किया
गोया जीते-जी मेरे जिस्म को जिलाए वतन किया

ना रातें रातें रहीं, ना दिन दिन रह गए
खुद में ही खुद को ढूंढ़ते ढेरों दिन निकल गए

तड़प इतनी बढ़ी कि जग में जाहिर हो गई
मैं खुद में ही खुद की मुसाफिर हो गई

ना चैन था ना सुकून था, अगन प्यार की जला गई
रुत प्यार की ऐसी आई , आकर मुझे झूलसा गई

आंसू भी सूख गए, लब भी हो गए ख़ामोश
अब ज़िंदगी कैसे जीऊँ, मैं तो 24 घंटे हूँ बेहोश

6. Nigahon ki khata निगाहों की ख़ता

दिल के सुकून के वास्ते जिसने भी मोहब्बत किया
अपने दिल के साथ समझ लो उसने अदावत
किया

फँस गए उस मकड़ जाल में
जहाँ से निकल पाना था मुमकिन नहीं

सारी उम्र कैदी रहे उस एहसास के
जो उनका कभी था ही नहीं

पल भर के निगाहों की खता ने
उम्र भर की सज़ा सुना दी

वो साथ पल भर का
हड्डी बनकर गले में अटक गई।

7. Dosti दोस्ती

काश दोस्ती का मतलब समझ जाता
तो मतलब परस्ती से परे हट जाता

बेपरवाह हो कर जो खिदमते ख़ाल्क में जुट
जाता
दुनिया के मोह से वो बहुत ऊपर उठ जाता

लड़कियों से दोस्ती का मान गर लड़का रख पाता
तो गोपियों से आज का कन्हैया भी घिर जाता

दोस्ती में बहुत सारी कुर्बानियाँ भी देनी पड़ती हैं
गर ऐसे जज़्बे दोनों तरफ़ हो तो दोस्ती निभ जाती
है

8. Ishq ka qatil इश्क़ का कातिल

सब तरफ़ गुब्बार है, सब तरफ़ धुआं धुआं है
मेरे इश्क़ का कातिल कौन है, कहाँ कहाँ है

हर तरफ़ मेरा ज़िक्र, मेरा प्यार अयां अयां है
मेरे मोहब्बत का किरदार अब तो जवां जवां है

अश्कबार आँखें हरगिज़ ना मुस्कुराना छोड़ो तुम
सिस्कियों थम थम कर आहों से नाता न जोड़ो
तुम

किसी दिन तेरे भी आहों का कोई सौदाई होगा
थाम कर दिल गुज़रेगा, तेरे भी गलियों का कोई
राही होगा

मैं भी उसी का मुसाफ़िर हूँ, तू है जिस कश्ती में
सवार
तेरा मिलना तो तय है, अब तो तेरा दीदार होगा

9. Khaas ho jayege ख़ास हो जाएंगे

दूर हैं तो क्या , पास हो जायेंगे
गैर हैं तो क्या, एक दिन ख़ास हो जायेंगे

तुम मेरी तरफ़ , दो कदम बढ़ाकर तो देखो
करीब होते ही , हमारे सांस एक हो जायेंगे

यूँ करवटें बदल-बदल कर
रातें न गुज़ारो

लकीरों की शक्ल में
चाँद से चेहरे पर

नींद के आसर हो जायेंगे
तुझे अपनी मलिका बनाऊं

बहुत हसरत है ये दिल की
हम दोनों मिल कर जो दुआ मांगें
दुआओं में असर हो जायेंगे

10. Makar wa Fareb मकर व फ़रेब

ये दुनिया मकर वा फ़रेब का मकड़ जाल है
यहाँ पर हर किसी का हो रहा बुरा हाल है

यहाँ कदम-कदम पर पूछ, माल-ओ-ज़र की है
यहाँ शरीफ़ों पर उठते हज़ारो सवाल हैं

इंसाफ़ चरमरा रहा है, लोगों के दिलों में
तंग नज़र और कमज़र्फ काट रहे बवाल हैं

इंसाफ़वर और सच्चे लोग आज भी हैं हमारे बीच
पर बेईमानों का बोलबाला है
बदज़ुबान बेलगाम खुशहाल हैं।

11. Kabr कब्र

जिंदगी छोटी है, सफ़र लंबा है
माँ की गोद से, कब्र तक जाना है

जिंदगी तू इतना भी परेशान ना कर
यहाँ लौट कर कौन सा बार बार आना है

चलो इंसानियत के काम आते हैं
सभी के दिलों में घर जो बनाना है

हुस्न वा इश्क़ के चक्कर में
ना कर जिंदगी तमाम
एक दिन बुलावा आएगा और लौट कर जाना है।

12. Chaav चाव

बड़े चाव से चाहा तुमको
फुरक़त की रातों में दिल लगाया था

ज़मीन आसमान एक की थी पाने को
रात रात भर आंसू भी बहाया था

तकिए बिस्तर गवाह हैं इसके
आंसुओं को चदर में सुखाया था

दिल बेताब हुआ जाता था मगर
ज़माने की नज़रों से धड़कन छुपाया था

दिल में तस्कीन थी एक दिन एक होंगे मगर
ज़ालिम सरेआम तूने मुझे ठुकराया था

13. Taleem ki Roshni तालीम की रोशनी

सूरज जब विराजमान होता है
चाँद तारे अंधियारे सब दुबकजाते हैं

तालीम की रौशनी जहाँ जहाँ फैलती है
अज्ञानी अधर्मी बड़बोले कोना पकड़ लेते हैं

परिश्रमी अनहोनी को होनी में बदल कर रख देते
हैं
बुद्धिजीवी भी अपने अपने फील्ड में पासा पलटने
की हुनर रखते हैं।

14. Kathinai ka ant कठिनाई का अंत

हर कठिनाई का अंत होगा
अगर मनुष्य मन में ठान ले
पहाड़ भी एक दिन धरशाई होगा
अगर मनुष्य अपनी छमता को पहचान ले
बहुत फौलादी है जिगरा, कुछ भी कर गुज़रेगा
इंसान अगर अपने अकल और हुनर से काम ले
तमाम मुश्किलें हल हो जाएंगी
चुटकियों में
कठिन परिश्रम के साथ, गर ऊपरवाले का भी
नाम ले।

15. Gazal ग़ज़ल

तुमने चाहा कि ग़ज़ल हो जाए
मैंने कहा कि हर पल हो जाए
ग़ज़ल के साए में, यूँ ज़िंदगी गुज़रे
इश्क़ की बूँदों से तर-ब-तर हो जाए
मज़ाज आशिक़ाना हो, हुस्न का घराना हो
उल्फ़तों की धार में बहती ज़िंदगी ग़ज़ल हो जाए
बिछड़ने का ग़म न हो
कोई रंज-ओ-अलम न हो
हर किसी की मोहब्बत, दौरान-ए-ज़िंदगी ही
परवान चढ़ जाए।

16. Mohabbat ki kasauti मोहब्बत की क़सौटी

चल परे हट जा तू मेरे करीब से ना गुज़र
वरना मोहब्बत की कसौटी पे कसा जाएगा
फुरसत है, निकल ले
फुरकत की रातों में
वरना प्यार का रोग तुझे भी डस जाएगा
चार दिन की ज़िंदगी है
बिन्दास होकर जी ले तू
वरना उल्फ़त की ज़िंदगी में
फँस कर रह जाएगा
जो फँस गया एक बार, निकल ना सका ता-उम्र
ये वो दलदल है कि जिसमें तू धस्ता ही चला
जाएगा।

17. Ek buzurg ka dard एक बुजुर्ग का दर्द

रात बीती, बात बीती
ये कहना बहुत आसान है

दिलजोई को कोई नहीं
कहने को तो सारा जहान है

पत्नी मृत्यु को प्राप्त हुई
खाली पड़ा मकान है

बच्चे भी अपने रास्ते गए
अब जिंदगी सुनसान है

माँ की गोद तो कब की छूटी
जाना अब शमशान है।

18. Call कॉल

क्यों कॉल कर रहे हो
क्या मंशा है तुम्हारी

बाज क्यों नहीं आते हो
अपनी हरकतों से तुम

तंग आ चुकी हूँ मैं
फितरत से तुम्हारे

क्या आग लगाने का इरादा है
परिवार के सदस्यों में हमारे

दुनिया बहुत वसी है मगर
वक्त आने पर परिवार ही होते हैं सहारे

ऐरू गैरू नत्थू खैरू
टाइम पास हैं फ़कत
अपने तो हर हाल में अपने हैं हमारे

19. Samajh ki khata समझ की खता

जिसे समझ बैठी थी अपना सहारा
कभी पलट कर वो आया नहीं दोबारा

अपने समझ की खाता कहूँ या दिल की नादानी
उसी पर उमड़ता रहा सैलाब नज़रों का हमारा

क्या कहूँ दिल-ए-नादान को, कहां फंसा दिया
ये वहीं जाकर टकरा गया जिसने जफ़ा किया

अब वो आएगा लहद पर मेरे फ़ातिहा पढ़ने
जिसने बिरहा की आग में था, मुझको जला दिया

जिसे चाहा था टूट कर उम्र भर मैने
उसने मेरी चाहत का मुझको यही सिला दिया

20. Bharosa Choor Choor भरोसा चूर चूर

ये कौन सा रास्ता है
किसके हवाले छोड़ गए हो तुम
मुझे तन्हा करके अपना मुख क्यों मोड़ गए हो तुम
मेरा भरोसा चूर चूर हो रहा है ऐसे हालात में
रंज व अलम वा दर्द से मेरा नाता क्यों जोड़ गए
हो तुम
मेरी इतनी ही खता कि मैंने तुमको चाहा तुमसे
प्यार किया
इस खता की ये सज़ा?
मेरे वजूद को ही तोड़ मरोड़ गए हो तुम

21. Bistar-e-marg बिस्तर-ए-मर्ग

बिस्तर-ए-मर्ग पर कराहते हुए करवटें बार बार
बदलता रहा
ना होश है, ना हवास है फिर भी बिस्तर के
सिलवटों को सीधा करता रहा
लोग मज़ाज़ पुरसी के लिए, आते रहे, जाते रहे
ब्लड प्रेशर है कि लगातार बढ़ता रहा
आखिर वही हुआ, जिसका डर था सभी को
दवा कुछ भी काम न आई, वो तिल-तिल मरता
रहा

22. Rishta yaari ka रिश्ता यारी का

शक ले डूबा है रिश्ता यारी का
कमज़र्फ़ी में क्या निभेगा रिश्ता यारी का
दौलत के तराजू में तुल रहा है रिश्ता यारी का
बातों बातों में टूट रहा है रिश्ता यारी का

सोच ये थी कि निभ जाएगा रिश्ता यारी का
सोचा न था कभी बिक जाएगा रिश्ता यारी का
कृष्ण सुदामा की दोस्ती मिसाल है यारी की
कलयुग में दोस्त ही तोड़ रहा है रिश्ता यारी का

23. Kamyabi ki kunji कामयाबी की कुंजी

सारे जुगनू आँखों में टिमटिमा के रह गए
सारे पक्षी गुलिस्तां में चहचहा के फुर्र हुए
सारी नदियाँ किलकारियाँ भरती जानिब-ए-
मंज़िल गयी
सारी हवाएँ बहती हुई अपने दिशाओं को गई
तू एक ही जगह पर खड़ा किस बात के इंतज़ार में
है
सारी कामयाबी का नक्शा तो इंसान तेरे दिमाग में
है
सोच-समझ अपने को आँकता हुआ तू आगे को
बढ़
मंज़िल तेरे कदमों में खड़ी तेरे ही इंतज़ार में हैं।

24. Zaahir na kijiye dard ज़ाहिर न कीजिए दर्द

ज़ाहिर न कीजिये दर्द को किसी के सामने

जो हमदर्द होगा वो दर्द को समझ जायेगा
आये हैं तो बैठिए महफ़िल का मज़ा लीजिए

रात ढलते ही सब कुछ सिमट जायेगा
ग़म ना कीजिये अगर छोड़ कर चल दे कोई

ये दुनिया बहुत वसी है दूजा भी मिल जायेगा

कोई ऐसा इंसान जो इंसानियत के साथ हो

आपकी ज़िंदगी सवारने को खुद ही दौड़ा चला
आयेगा।

25. Har insaan juda हर इंसान जुदा

ज़िंदगी के वर्क खुशी व ग़म से भरे पड़े मिलेंगे

तन्हाई, जुदाई, रंज व अलम व आंसुओं से नम
मिलेंगे

इस किताब के हर वर्क अलग कहानी कहते
मिलेंगे

इंसान की खुशियों भरी जिंदगानी ग़म से अटे
बियाबानी कहते मिलेंगे

हर शख़्स की इस जहां में अपनी अलग एक
मुकम्मल दास्तान है

जिसने जैसी जिंदगी बसर की है, पन्ने वो ही
बयान करते मिलेंगे।

26. Kaanch ka gharonda कांच का घरौंदा

दिल कांच का घरौंदा है

हर किसी को रख नहीं सकते हैं, ये वो कीमती
कोना है

जहां सभी सज्ज नहीं सकते हैं

दिल बहुत उम्दा और नाजुक शय है

इसकी परख रखने वाले ही इसमें रह सकते हैं

27. Dimag sach kehta hai दिमाग सच कहता है

दिल कहता कुछ और, दिमाग कहता है कुछ
और
दिल जब जब किसी का होना चाहता है
दिमाग मचा देता है शोर
दिल टूट कर चाहता और आँख मूँद कर करता है
विश्वास
दिमाग सूझ बूझ और अकल लगाता रहता है हर
दम ख़ास
दिल की सुन कर धोखे खाता
दिमाग की सुन कर चौंक है जाता
हर बात को विश्लेषण करके हर बार समझाता है
दिमाग।

28. Mod de rukh मोड़ दे रुख

जिंदगी है तो पतझड़ आते रहेंगे
जिस तिस तरह के गम आके सताते रहेंगे
गम हैं तो गमगीन बनाते रहेंगे
अपना कहर समय-समय पर बरपाते रहेंगे
थत्थम जाना ठहर जाना तेरी फितरत नहीं
अए इंसान तुझे मक्खमल के बिस्तर की भी
ज़रूरत नहीं
डट जा गम की आंधियों के सामने जाकर
मोड़ दे रुख ज़िंदगी का गम पर काबिज़ होकर।

29. Insaniyat tolte paise इंसानियत तौलते पैसे

रात आधी है पत्तों में सरसराहट कैसे
कोई आया है? या हवा ही टकरा गई हो जैसे
इंसानों की इंसानियत को तौल रहे हैं पैसे
समाज में अब पूजे जा रहे हैं ऐसे वैसे
मस्नद पर जा कर बैठ गए हैं कैसे कैसे
दुनिया को मुट्ठी में बंद किए बैठे हैं जैसे तैसे
ये दुनिया सबकी है तो सबके हित की बात करो
ऐरू गैरू नत्थू खैरू चला रहे हैं
अपने अपने सिक्के

30. Zamin-o-aasman ka milan ज़मीन-ओ-आसमान का मिलन

सज गई धानी चुनरिया धरती के सारे तन पर
अम्बर ने भी ओढ़ा केसरिया आंगोचा अपने अंग पर
काले-काले बादलों की मूंछें
मूंछों पर फिराते ताओ
धरती की ओर आकर्षित होकर
जैसे कह रहे हों, आओ
बरखा की बूँदों से सराबोर हुआ धरती का अंग-अंग
धरती के अंगों में हुई हलचल, उठने लगे खुशियों के तरंग
प्यासी धरती अब तृप्त हुई, बागों में मौसम-ए-बहार है
मंद मंद चलती हवा, चाहूँ ओर बारिश की फुहार है
खेत खालिहान जल-मग्न हुए
नदियों में उठ रहा ऊफ़ान है
सारे जीव-जंतु मिलन को व्याकुल
ये कैसा तूफ़ान है?

31. Aur dil tera roye और दिल तेरा रोए

चाहत के लिए खास कोई मौसम नहीं होता
दिल का अंधियारा कभी रौशन नहीं होता

जब से हुआ है पस्त वो प्यार की गलियों में
तभी से है मस्त वो प्यार की रंगरलियों में

जहां कहीं भी जाओ, धूम मचा के आना
अपने इशारों पे महफ़िल को नचा के आना

चोट लगे उसको तो दर्द तुझे होए
आँखें हो उसकी, और दिल तेरा रोए

32. Haseeno ka Mela हसीनों का मेला

सवालों के घेरे में आकर तो देखो
जवाबों से खुद को बचा कर तो देखो
घूमकर फिरकर हर बार करेगी सवाल
दुनिया से नज़रें चुरा कर तो देखो
ये दुनिया वाले ढूंढ ढूंढ करेंगे प्रहार
इनकी नजरों से खुद को छुपा कर तो देखो
दुनिया हसीनों का मेला है इसमें
तन मन धन सब कुछ लुटा कर तो देखो

33. Ignore इग्नोर

खुश रहना है तो इग्नोर भी करना सीखिए
सभी पराये हैं, सभी को दूर करना सीखिए

हर बात अगर दिल से लगाया तो जी ली अपनी
ज़िंदगी
इसलिए जो हद से बढ़े उससे फटकारना भी
सीखिए

लोगों का क्या, कभी इस करवट, कभी उस
करवट
ज़िंदगी ख़ुशगवार चाहिए तो खुद से मोहब्बत
करना सीखिए

खुद को कुर्सी, खुद को तकिया, खुद को मसनद
दीजिए
खुद से ही खुद को पहले इज़्ज़त करना सीखिए

34. Khud per bharosa खुद पर भरोसा

हँसता हुआ जहां कर गया
वो जो वादा वफ़ा कर गया

सभी हालात वैसे तो जस के तस हैं
पर महकता हुआ गुलिस्तां कर गया

उसे रहबर कहूँ या मसीहा कहूँ
वो जो मेरा मुकम्मल जहां कर गया।

मैं भटकती हुई आत्मा थी कभी
वो ही ज़िंदगी को सुहानी हवा कर गया

35. Kitabein किताबें

किताबों से दोस्ती करने वाले हमेशा ज़िंदगी में
अपडेटेड रहते हैं
ता-उम्र किताबें पढ़ने की आदत डाल ले
ख़ुशी से पढ़ाकर ना की मजबूरी से
लुत्फ जो इसमें है वो नशे के माफ़िक है
यकीन कर पढ़ने वाले ख़ुशी से झूम जाते हैं

हर मुश्किल से निजात पाने का रास्ता
इसके पढ़ने वालों को जीवन में मिल जाता है
पढ़ाकू अकल से अपनी मंज़िल खोज ही लेते हैं
हर बाधाओं से निकलने की प्लानिंग सोच ही लेते
हैं

36. Kisi ko samjhen किसी को समझें

घर फिर से आया है तो
उससे खाने को
पूछ लूं क्या?

फ़ित्रत अब भी वही है
या कुछ बदल गया
बूझ लूं क्या?

बिन सोचे, बिन समझे पिघल न जाना पिछली बार
की तरह
अबकी जो लौटकर आया है तो सोच सांच लूं
क्या?

नेचर सिग्नेचर बदलते देर नहीं लगता
पर ये कभी सारी उम्र नहीं बदलता
सो इतिहास और भूगोल इसके मैं फिर से जांच लूं
क्या?

कुछ न कुछ खूबियां हर शख्स में पिन्हा होती हैं
खमियों के बीच से इसकी खूबियां बांच लूं क्या?

37. Depression (Avsaad) अवसाद

जब सभी मिलकर एक ही बात को किसी पर
थोपते रहते हैं
और जब सभी किसी बात के लिए किसी को
रोकते टोकते रहते हैं
तब दिमाग में खींच-खींचाव और तनाव होने
लगता है
तब-तब लोगों से कहाव सुनाव भी होने लगता है

एक सटीक सोच दबाव के कारण अवसाद में
बदल जाती है
इच्छाओं के विपरीत सोच विक्राल रूप में ढल
जाती है
अवसाद ग्रस्त, अवसाद मुक्त हो इसके लिए प्रयत्न
करो
उन्हें अवसाद मुक्त वातावरण मुहैया करने का
जतन करो

38. Mandi मंदी

अबकी बार मंदी का मौसम जो आएगा
गरीबी, बेरोज़गारी, अपराध सब बढ़ाएगा
लोगों के दिलों से ख़ुशियाँ, लबों से मुस्कुराहट
सब के सब उड़ा कर ले जाएगा

दिमागों में सोच-ओ-फ़िक्र और परेशानी
दिलों में घबराहट घर कर जायेगा
माँ-बाप के दवा की फ़िक्र और
जवान बेटियों के हाथ पीले कोई कैसे कर पाएगा

अजब से हालात होते जा रहे हैं इस संसार के
जो ख़ुद ही परेशान है वो किसी और की मदद
कैसे कर पाएगा

39. Jaldbazi ka kaam जल्दबाज़ी का काम

नज़रों ने पल भर की ख़ता जो की
दिल सारी उम्र उलझनों में उलझा रहा

ज़बान ने दो मीठे बोल क्या बोले
सारी दुनिया जैसे कदमों में आ गिरी

किसी ने नज़रें जो फेर लीं सदा के लिए उससे
अब वो ज़िंदा तो है मगर चहकती हुई ज़िंदगी नहीं
रही

हज़ार बार टूट कर बिखरना फिर समेटना अपने
आप को
प्यार के संसार में अब वो तिश्नगी नहीं रही

हर पल जी उठना, हर पल दफ़न हो जाना
इश्क़ के दस्तूर की ये पैंत्रबाज़ी नहीं रही

40. Jahaan Fani hai जहां फनी है

किसी को देखते ही मचलना आदत से दिल
मजबूर है
कोई भा जाता है अगर दिल को तो इसमें दिल का
क्या कसूर है
खूबसूरत शय हासिल करना दुनिया का दस्तूर है
खूबसूरती बना देती एक लड़की को बड़ा मगरूर
है

दौलत तो आनी-जानी है क्यों करना इसपे ग़ुरूर
है
इठलाना, इतराना, जाम से जाम टकराना समझ
का सब फितूर है
ये मोहब्बत का नशा है या जाम का सुरूर है
बद अच्छा बदनाम बुरा ये सारे जगत में मशहूर है

41. Manmarzi Nahi Chalti मनमर्जी नहीं चलती

इश्क़ में जले तपे वही इश्क़ की लज़्ज़त जाने
एक बार ज़िंदगी में मोहब्बत का होना भी ज़रूरी
है

जिसको चाहा वो मिल ही जाए ये ज़रूरी नहीं
मिलन के लिए दोनों तरफ़ जुनून का होना भी
ज़रूरी है

इश्क़ एक त्याग भी है एक तपस्या भी है
लाजिम है कि दोनों तरफ़ सुकून का होना भी
ज़रूरी है

ज़िंदगी से रूठकर अपनी ज़िंदगी तबाह कर
लेते हैं लोग
इश्क़ के लचारों का साथ निभाने वाला भी कोई
हो ये भी ज़रूरी है

42. Bewafaai बेवफाई

वो आने वाला है ये मुझे कहा गया
हर मुमकिन मुझे छुपाया गया

जितनी छिपाई गई नज़रें प्यासी होती गईं
दोनों तरफ़ एक दूसरे के दिदार को

लुका छिपी चलता रहा, चलता गया
आखिरकार दिदार होना था, सो हो ही गया

पहली नज़र ही काफ़ी थी इब्तेदाए-इश्क़ को
दाव पे लगने जा रही थी ज़िंदगी, टाल नहीं सकते
थे इस रिस्क को

एक दिन ऐसा भी आया जब वो मिलने से मुकर
गया
नरकिये जीवन में धक्का देकर वो कोहराम बरपा
कर गया

43. Maa माँ

माँ एक शब्द है जो भाव विभोर कर जाती है
माँ मीठास है मिठाई की, माँ किरदार है हलवाई
की
माँ अरदास है पीर पैग़म्बरों की
माँ खासम ख़ास है अपने बच्चों की

माँ जीवन संगिनी है, माँ बिटिया रानी है
माँ तू इस संसार में सबसे सयानी है
माँ तू बहना है, हर घर का गहना है
माँ तेरे बिना हर घर अधूरा है
जहां तेरे आँचल का सुख वह घर पूरा है

माँ तू चाहत है, ज़रूरत है बच्चों की
माँ तू रौनक है, राहत है हर घर की
माँ तूने जन्म दिया है पीर पैग़म्बरों को
तेरे तलवों के नीचे पूरे कायनात की जन्नत है
बस तू ही एक हर शख़्स की मन्नत है

हर माँ ने अपने हिसाब से बच्चों को पाला है
उन्हें तालीम-व-तरबीयत के सांचे में ढाला है
माँ जैसी दुनिया में कोई दूजा नहीं है
माँ के किरदार जैसा कद में कोई दुनिया में ऊँचा
नहीं है
माँ की गोद में सुख है शांति है
यहाँ कोई टकराव नहीं, न ही कोई क्रांति है

माँ तेरी दो प्यारी आँखें जब रोती हैं
सारी कायनात तुझसे मरूब होती है

माँ तू सुपर है डुपर है
माँ तेरा कद सबसे ऊपर है, सबसे ऊपर है,
सबसे ऊपर है!

44. Khisatti Zindagi खिसटती ज़िंदगी

उससे मिलना हुआ इत्तेफ़ाक से
खुशियों से भरा घर था, खुशियों से पूर्णूर हालात थे
ज़िंदगी में टकराते ही दाखिल हो गया, पर कई सवालात थे

जब निभाना ही नहीं था
तो नसीब ऐसे ऐसों से मिलाता क्यों है
भाग्य के तमाशे को अब तक समझ ना पाया कोई

किसी के बगैर थमती थोड़े ही है ज़िंदगी
हर सांचे में ढलती थोड़े ही है ज़िंदगी
हर कोई पसंद आए ये मुमकिन नहीं
और जो पसंद आए अक्सर मिलता ही नहीं

सिर्फ़ साथ साथ डोलने का नाम ज़िंदगी नहीं
अपने हमसफ़र के साथ खिसटने का नाम ज़िंदगी नहीं
वक्त के साथ ज़बरन आदत डालनी पड़ती है
ज़िंदगी को बिना जिए निकालनी पड़ती है
ब्याह के दिन से कब्र तक घसीतनी पड़ती है

दिल मिले ना मिले फिर भी दोनों की ज़िंदगी साथ साथ है
लोगों की नज़रों में तो दोनों के हाथ एक दूसरे के हाथ में है
आख़िर में हम यही कह सकते हैं
किसी की ज़िंदगी संसार में

आहो-भाग्य है
और किसी की सिस्कियों में डुबकी लगाती
कड़वी निबोरी जैसी कटाक्ष हैं

45. Kabr कब्र

कब्र के अंदर अख्तियार किसका है
सब जा चुके हैं, इंतज़ार किसका है

सभी संगी साथी जीवन भर के थे
सारे मसले हल हुए, कब्र में तन्हा ही रहना है

यहां पे ना कोई किसी का यार है, ना मददगार है
यहां वही काम आएगा जो दुनिया से ले कर आया
है

ये वो रास्ता है, जहां चलना सबको अकेले है
पीछे छूट चुके ज़िंदगी के मेले-झमेले हैं

यहां सुख है शांति है आराम ही आराम है
यहां कोई फ़िक्र नहीं , ना ही नींद हराम है

46. Piya Milan पिया मिलन

समझ नहीं आया किस तरह मिलना है उससे
पहली बार रिश्ता मेरे घर भेजा था जिसने
सज धज कर चल पड़ी उसकी तरफ रुख कर
चूड़ियों की खनक पर
देखा उसने पलट कर
नज़रों में शोखियाँ थी मेरे
मुतमईन लगा वो
एक ही नज़र के वार से
हो गया था घायल वो
शहनाईयाँ गूंजी, घोड़ी चढ़ कर आ गया वो लेने
को
मैं दुल्हन, सजी सन्वरी
व्याकुल थी पियल मिलन को

47. Poore Hosh Me पूरे होश में

तपते हुए सहराओं में जल के आई हूँ
जलते हुए अंगारों पे चल के आई हूँ

ये दुनिया किस तरह करेगी ख़ामोश मुझे
शेरों के आगोश में मैं पल के आई हूँ

जब अपने ही बदल बदल कर चेहरे मिलने लगें
एक बार फिर से मैं पूरे होश में आई हूँ

48. Yoga योगा

योगा क्लासेस भी जाया करो
अपनी सेहत को वापस भी लाया करो

चावल, शुगर, गुड़ हो या के मिठाई
इन से जीवन में दूरी बनाया करो

ग्रीन टी पीने की आदत भी बनाया करो
सुबह सवेरे टहल घूम आया करो।

थोड़ा काम तो थोड़ा आराम भी कर लो
कुछ योगा को घर पर भी दोहराया करो

फ़ायदे बेशुमार हैं योगा करने के
मोटापा, माइग्रेन जैसे रोगों से पीछा छुड़ाया करो

49. Loto Watan Me लौटो वतन में

सुना है कि फिर चल कर आओगे तुम
इजाज़त है जाना, कदम तो बढ़ाओ

ये नज़रें हैं प्यासी, अब भी दीदार को तेरे
लौट कर फिर से अपने वतन को तो आओ

अब तो लगता नहीं दिल कहीं भी मगर
गर तुम आये तो ख़ुशियों के सबब बन जाओगे

सलामत रहे तू, तेरी ख़ुशियाँ सलामत
अबकी मुझको भी ख़ुशियों से भर जाओगे

50. Rab Ka Shukr रब का शुक्र

जब भी तेरी गलियों से गुज़र होगा
दिल बाग-बाग और ख़ुशियों से तर होगा

यूं तो गलियां और भी तकती हैं राहें मेरी
तेरी गलियों से गुज़रने का एहसास ही दिगर होगा

मुझसे मिलने को तू भी तो रहती है बेकरार
तेरे मन में मेरे लिए कुछ और ही फ़िक्र होगा

गर खुदा की मर्ज़ी से एक हो गए हम
दोनों के दिलों में रब का बहुत बहुत शुक्र होगा

51. Neki kia kar नेकी किया कर

रब की खुशी हो जिसमें वो काम किया कर
मकर फरेब जाल फितूर से दूर रहा कर

जब कोई बुजुर्ग भारी थैला लेकर चल रहा हो
उनके भार उनके घर तक तू भी ले लिया कर

जब रस्ते पर रोता बिलखता कराहता मिले कोई
उसके लिए भी रस्ते तू हमवार किया कर

जब कोई नाबीना दिखे छड़ी को पटकता कहीं
उसके बाज़ूओं को पकड़ कर रास्ता पार किया
कर

जब जन्म देती कोई स्त्री सड़क पर दिख जाए
डॉक्टर नर्स को तू जितनी जल्दी हो बुला लिया
कर

52. Dosti दोस्ती

दोस्ती हो तो कृष्ण सुदामा जैसी हो
जिनकी दास्तान ज़माने में आज भी है मशहूर

दोनों ही शांत थे स्वाभिमानी थे
दोनों ही एक दूसरे की ज़िंदगानी थे
दोनों ही मोह माया से बहुत दूर थे
दोनों के अच्छाई के किस्से मशहूर थे

दोनों ही बचपन के लंगोटिया यार थे
दोनों ही समाज के सच्चे मददगार थे
जब सुदामा कृष्ण के द्वारे गए
बाद ख़ातिर वो खाली हाथ ही लौटाए गए

सुदामा अचरज में थे कि साथी बदल गया
क्या धनवान कृष्ण मेरे हालात भूल गया?
जब सुदामा पधारे अपनी नगरी
आँखें अचरज से फट गईं, देख स्वागत अपनी

53. Vicharniye Mudde विचारनीय मुद्दे

उठा ली गई स्कूल से एक नन्ही सी जान
बचाने को उसे मीडिया और पब्लिक हो गई खड़ी

उस बच्ची को तहख़ाने में किया गया था बंद
किडनैपर ने पब्लिक और मीडिया से किया था
नज़रबंद

साथ उसके जो कुछ भी हुआ अकथनीय है
ऐसे मुद्दे हर किसी के लिए विचारणीय हैं

ऐसे बदमाश बड़े बड़ों के ही साहेबजादे हैं
इनकी परवरिश ऐसी हुई होती है जैसे शहज़ादे
हैं

जो किया सो किया, साथ ही ले ली उसकी जान
ऐसे दरिंदे वहशी शैतान समाज में ही हैं
विराजमान

54. Tangnazri तंगनज़री

दुनिया को देख ठीक से
तंगनज़री से काम न ले
हर तरफ़ बहार ही बहार है
ख़िज़ा का नाम न ले
लोग, दर्द-ए-दिल में मुब्तला हैं
किसी की यादों के सहारे हैं
इनके जज्बे को समझ
ठेस पहुंचाने की ठान न ले
सीधे सच्चे पथ पे चल कर नेकियां करता जा
किसी को औक़ात बताने का भरम तू पाल न ले।

55. Sang dil संग दिल

रात गुज़री करवट बदलते
दिन गुज़रा बस रोते रोते
आजा संग दिल तुझे दिल ये पुकारे
सखियों ने छेड़ा मुझको
रीति-रिवाजों ने जकड़ा मुझको

आजा बेदर्दी तुझे दिल ये पुकारे
सावन आया झूले पड़ गए
सारे गाँव में प्रेमी आ गए
अब तो आजा प्रीतम प्यारे दिल ये पुकारे

कोई नहीं जो तू न आया
पर तेरे बिन कुछ न भया
अब तो आजा दिल ये पुकारे

56. Hosla Zinda Rakh हौसला ज़िंदा रख

दिलासा देने वाले अजनबी तुम दिल में उतर गए
हमसे किनारा करने वाले सभी दिल से उतर गए

जिन पर भरोसा था यक़ीन था पूरा, हाथ कभी ना छोड़ेंगे
सारे के सारे जो अपने थे, वो आज बदल गए

तन्हा हूँ, तन्हाई को जीती हूँ, अब तो तन्हा ही चलना है
कल तक जो सब साथ थे, आज मौसम की तरह बदल गए

मुश्किल हालात हो या हो मुश्किल परवाज़ ज़माने में
वही पार उतरते आए हैं, जो हालात से आगे बढ़ गए

57. Pita पिता

पिता से ही ज़िंदगी का आगाज़ है
पिता बच्चे की ख़ुशी का राज़ है
पिता बच्चे को देता परवाज़ है
पिता ही लिखता बच्चे का इतिहास है

पिता है तो घर घर है
और हर किस का दर अपना दर है
पिता है तो रोटी, कपड़ा और मकान है
पिता है तो ही सारा जहां है

पिता से ही माँ का सुहाग है
पिता नहीं तो घर बर्बाद है
पिता रात दिन खटता रहता है
फिर भी देखो तो हँसता रहता है

पिता से साकार होता सपना है
सारा का सारा बाज़ार अपना है
पिता से ही बच्चों का रोआब ज़िंदा है
बेखौफ़ जीते हैं कि अभी मेरा बाप ज़िंदा है

पिता तुझसे ही बच्चों का जहान है
पिता तेरा कद बहुत-बहुत-बहुत महान है

58. Aaj ke laila majnu आज के लैला मजनू

भटकते कदमों को सम्हाल लो
धड़कती साँसों को कस के थाम लो
अब वो आशिक़ रहे नहीं जिन पर नाज़ थे
आज के वक़्त में ना मजनू का नाम लो

पैसे वाले आशिक़ों की पूछ बहुत है आज
मजनू भी नौकरिपेशा, लैला पर कर रहे हैं नाज़
बेरोज़गारों की लैलाओं में हो रही नौगत है
औसत सी लड़कियों की हो रही तुक्कम
फजिहत है

इतनी सारी खूबसूरत हसीनाओं को कहां से लाया
जाए
इससे भी बढ़कर ये के हसीनाओं को रोजगार
कहां से दिलाया जाए

59. Gumnam Vyaktitva गुमनाम व्यक्तित्व

जवानी दीवानी बदनामी लिए विचरता रहा
भरी दुनिया में
इधर से उधर गुजरता रहा
कुछ काम ही कर लेता नेकियों के
किसी की चाहत में मारा-मारा फिरता रहा
इस तरह गुमनामी का सहरा बांधकर
लोगों की नज़रों से बचने को
कोनों में दुबकता रहा।

60. Nahi mila dobara नहीं मिला दोबारा

जीते जी काश मैं अपने आशिक़ से टकराऊं
ऐ ख़ुदा तब मुझे हिम्मत देना और उसे पछतावा

मुझे ता उम्र उसकी कदर थी दिल ही दिल में
उसे हर शय में पसंद था दिखावा ही दिखावा

मैं जितनी सादगी व सच्चाई से जीना चाहती थी
जिंदगी
उसके व्यवहार ऐसे होते जैसे कोई छलावा

कदर थी ही नहीं बेदर्दी को प्यार की हमारी
देखा ही नहीं मुड़ के मुझे कभी दोबारा

मेरे दिल की फूलवारी में सारे फूल उसके नाम के
खिलते थे
मुरझा गई फूलवारी अंदर ही अंदर टूट गया दिल
बेचारा

61. Swagat hai dil me स्वागत है दिल में

सुना है कि दिल में उतरना पसंद है,
तो आओ, स्वागत है दिल में हमारे।

सुना है कि नज़रों में रहना पसंद है,
तो नज़रों से देखूंगी सपने तुम्हारे।

सुना है कि जाना मरते हो हमीं पे,
तो चाहत ये राहत ये दिल जान तुम्हारे।

सुना है कि तुम्हें शिकायत है हमसे,
तो सुन लो सदा से हम हैं तुम्हारे।

62. Sawan ki bahar सावन की बहार

सावन आया, झूले पड़ गए, मेले लग गए मैदान में।
पुरवैया ऐसे गाए, कि मनवा झूमता जाए।
सारे तन मन में आग लगाए, शोले भड़काए।
तेरे प्यार की अगन में, जैसे ये झुलसी झुलसी जाए।
के तू तो जब-जब आए, के तू तो हर सू चाए।
के तेरे ही धुन पे मेरी हर सांस गाए।

सावन आया, झूले पड़ गए, मेले लग गए मैदान में।
तू ही मेरा ताल है, तू ही मेरा सरगम।
के तुझपे ही तो वार दूं मैं अपने तन मन।
के जग को पीछे छोड़कर आई तेरे लिए ये जोगन।
के दोनों थिरकें ऐसे, जैसे वनवा में नाचे मोरन।

सावन आया, झूले पड़ गए, मेले लग गए मैदान में।

63. Masti मस्ती

ये जवानी, ये दीवानी, बदनाम हो गई।
मेरी मोहब्बत सरेआम हो गई।
रातों को झूमूं, दिन को भी झूमूं,
ख्वाहिश है कि गगन को मैं छूलूं।

पंछी बनकर गगन पे मैं घूमूं,
तितली बनकर पंखुड़ियों को मैं चूमूं।
पगली पवन बन बादलों को ठेलूं,
सारी दुनिया को अपने आगोश में ले लूं।

64. Aadhi Raat Ko आधी रात को

मन जो मचलने लगा आधी रात को
बेला महकने लगा आधी रात को
बांसुरी की धुन जो सुनाई दी आधी रात को
अंग अंग फड़कने लगा आधी रात को
हवा जो सरसराई, कदम खुद बखुद बहकने लगे
चाँद तारों ने झुरमुट से, ली अंगडाई अधि रात को
पंख लग गए, जज़्बात को, उसकी मुलाकात को
बरखा जम कर बरसी , बरसी आधी रात को

65. Phool फूल

मैं खुशबू हूँ, फिजाओं में बिखर जाऊंगी।
मैं वो फूल हूँ जो देवों के शीश चढ़ निखर
जाऊंगी।

किसी हसीन के जिस्म का गहना बन सँवर
जाऊंगी।
देश के जवानों के कदमों तले बिखर जाऊंगी।

यूं ही डाली पर पड़ी रही तो सूख जाऊंगी।
शहीदों के चिता पर चढ़ा देना , अमर हो
जाऊंगी।

66. Nahi milege नहीं मिलेंगे

अभी सफ़र का आगाज़ है,
अभी तो रोड़े बहुत मिलेंगे।
अभी तो इश्क़ की इब्तिदा है,
अश्कों के धारे ढेर सारे मिलेंगे।
दिल उलझा रहेगा उलझनों में,
कभी नहीं सहारे मिलेंगे।

साथ चलने वाला कोई न होगा,
अभी तो जलते अंगारे मिलेंगे।
तन्हाई और तंगदस्ती साथ-साथ चलेगी,
साथ निभाने वाले नहीं मिलेंगे।
अंधियारी रात लंबी है अभी,
इतना जल्दी उजाले नहीं मिलेंगे।

67. Pehla Ehsaas Garbh Ka पहला एहसास गर्भ का

वो पहला एहसास, जब तुम आए थे गर्भ में मेरे।
कभी नहीं भूली, कभी नहीं भूली।

वो सांस लेना, हाथ पैर पटकना गर्भ में मेरे।
कभी नहीं भूली, कभी नहीं भूली।

जन्म पर तुम्हारे मरते मरते बचना।
कभी नहीं भूली, कभी नहीं भूली।

तुतली जुबान में माँ बुलाना और उंगलियों को
थामकर चलना।
कभी नहीं भूली, कभी नहीं भूली।

बुढ़ापे में मुझे घर से धक्का दे देना।
कभी नहीं भूली, कभी नहीं भूली।

68. Uljhane उलझने

रही सही खुशियाँ भी ले गए हालत मेरे।
मुझे चैन से जीने भी नहीं देते जज़्बात मेरे।

ये दुनिया है, हर दिन नए तमाशे यहाँ।
मुझे रह रह कर डस्ते हैं ख़यालात तेरे।

मैं क्या कहूँ, कैसे दिल को समझाऊं ?
नित नए दिन घेर लेते हैं सवालात तेरे।

मैं उलझी रहूँ या सँवार लूं अपनी ज़िंदगी।
मुझे उलझनों से बाहर निकलने नहीं देते
आफ़क़ार तेरे।

69. Tiranga तिरंगा

अपने देश का मान तिरंगा।
जान भी है तुझपे कुर्बान तिरंगा।
हर नागरिक की जिज्ञासा तिरंगा।
शहीदों की पहली अभिलाषा तिरंगा।
हर फ़ौजी की पिपासा तिरंगा।
देश के लिए हर दम डटता तिरंगा।
कभी ना पीछे हटता तिरंगा।
हर हाथ में रहता तिरंगा।
सालों साल खड़ा तिरंगा।
कभी ना देखा गया पड़ा तिरंगा।
देश वासियों की मुस्कान तिरंगा।
हर फ़ौजी की आन बान शान तिरंगा।
शहीद जिस के लिए जान करते कुर्बान तिरंगा।
शहीदों का कफ़न वा ओढ़ान तिरंगा।
हर हर गली व दुकान तिरंगा।
हर कोठे और मकान तिरंगा।
देश का पहला सम्मान तिरंगा।
नागरिकों का अभिमान तिरंगा।
जय हिंद, जय भारत!

70. Fakeer फ़कीर

जात से फकीर हैं, कमाना है न कजाना है
झोली लेकर निकल पड़े हैं, मुफ़्लिसी का बहाना
है
मांगते हैं ढोंग से, हज़ारों लिए फिरते बहाना है
कोई कुछ भी कहता रहे, तनिक भी नहीं शर्माना
है
भीख़ मांगते भी हैं तो फ़रमाइश के साथ में
सिर्फ पैसे ही चाहिए, नहीं लेना अनाज का दाना है
सारंगी के धुन पे गाते फिरते गाना है
झूठ पे झूठ कहते हैं, मेरा नहीं ठिकाना है

71. Pyaar ka suroor प्यार का सुरूर

मैं तुझसंग रस रचाऊंगा
किसी दिन ब्याह कर ले जाऊंगा
गुलशन की सैर करवाऊंगा
हवाई जहाज पर भी बिठाऊंगा
ये मेरा वादा है
ये मेरा वादा है
ऐसा मेरा इरादा है

सबकी नज़रों से दूर
रखूंगा तुझको, ऐ मगरूर
प्यार का चढ़ेगा जब सुरूर
निभाऊंगा मोहब्बत का दस्तूर
ये मेरा वादा है
ये मेरा वादा है
ऐसा मेरा इरादा है

72. Raksha Bandhan रक्षा बंधन

इस रक्षा बंधन भी वो नहीं आया
उसने मुझे हर रक्षा बंधन पे रुलाया

इंतज़ार किया सालों से उसका
पर उसे नहीं आना था, नहीं आया

रोई कल्पि फोन भी कई बार किए मैंने
पर हर बार कॉल उसने नहीं उठाया

पलकें बिछाए बैठी थी भाई तेरी राह पर
राखी बांधवाने तू मेरे ससुराल भी नहीं आया

73. Bhai ki ahmiyat भाई की अहमियत

भाई तो होते हैं बहनों का गहना
सदा बहनों के संग संग रहना
कोई बहना को छल न जाए
कोई बहना का दिल न दुखाए
कोई बहना को लेकर न चला जाए
कोई भाई बहन को न लड़वाए

सदा बहनों की हिफाज़त करना
भाई तो भाई हैं, भाईयों का क्या कहना
रक्षा बंधन साल में एक बार जब आता
बहना बांधे भाई के कलाई में धागा
जिसकी बहना नहीं होती वो समझे खुद को
अभागा
भाई ससुराल से बहनों को लेकर आता
घर में धूमधाम और राखी बांधवाता
तोहफ़ों तहाएफ़ के साथ विदाई देता
भाई तो भाई हैं, भाईयों का क्या कहना

74. Ek baar aa एक बार आ

तेरे दिल में जो नफरत है, उसको निभाने के लिए
आ
मेरी मोहब्बत को तू रुसवा करके जाने के लिए
आ

अब तो मैं उजड़े हुए दयार की एक ईंट हूँ फ़क़त
मुझे जोड़ने के लिए न सही, तोड़ देने के लिए आ

तमाम शब मैं अपने बर्बाद-ए-मोहब्बत का मातम
मनाती रही
अब मैं ख़त्म न होने वाली रात हूँ, शमा बुझाने के
लिए आ

एक एक दिन पड़ रहे हैं भारी मुझ पर ऐ ज़ालिम
तू भी सुन
आ, एक बार मेरा जनाज़ा उठाने के लिए आ

75. Jald Baazi Me जल्दबाज़ी में

जल्दबाज़ी में काम बिगड़ जाता है
हाथ आया लक, हाथ से निकल जाता है

राहत की बात ये है कि पहले गोर-ओ-फ़िकर
करो
काम जो भी करो सोच-समझ ठहरकर करो

काम हो या के हो रिश्ता, उसे समय तो देना होगा
बिखरते रिश्तों को धागों में पिरोना होगा

समय बड़ा बलवान है, समय के सब गुलाम
तो समय को समय पर समय देना होगा

76. Nadi नदी

चलती हुई नदी कहाँ को जाएगी
कहाँ पहुँचेगी, कहाँ से मुड़ जाएगी
खुद पता नहीं होता फिर भी इतना है विश्वास
जहाँ भी पहुँचेगी, मुँह की नहीं खाएगी

चलती चली जाएगी और रास्ता भी बनाएगी
रास्ते विच आती झाड़ियों को ठेल कर निकल
जाएगी
मानव जीवन में संकट भी इसी तरह आते हैं
समय के साथ आते हैं, समय के साथ जाते हैं

77. Eid ईद

ईद ये पैग़ाम लाई है
सभी के लिए एहतेराम लाई है
ईद पर आओ मेरे आंगन
मेरे हिन्दुस्तानी भाई बहन

जात-पात भूल लग जाओ गले
लगाओ अतर
आओ मिल बैठ कह कहा लगाएँ
वैमनस्य भूल कर

देशवासी हम सब सदैव
साथ में रहते आए हैं
वर्षों से सबने मिलकर
ईद मनाई हैं, सेवइयां खाई हैं

ईद पर खुशियों के रंग
तब और दमकने लगते हैं
जब पड़ोसी लखन चाचा
बच्चों को ईदी देने लगते हैं

गले मिलकर जब सारे पड़ोसी
आपस में ईद मुबारक कहते हैं
तब सभी अलग धर्मों के नहीं
बस हिन्दुस्तानी दिखते हैं

78. Mil kar desh bachayein मिल कर देश बचाएं

इस ईद पे मनमुटाव हटाना है
देशवासियों हम सबको मिलकर देश बचाना है
जब जब एकजुट हुए हैं हम
गढ़े गए हैं नए नए इतिहास हमारे

वीर वीरांगनाओं के साहस का
ज़माना ने भी लोहा माना है

एकजुट जो हो गए, कोई नज़र नहीं उठेगी हमपर
अब तो हमारी मुट्ठी में सारा ज़माना है

79. Sadak pe shav सड़क पर शव

सड़क पर पड़ा क्षत विक्षत मनुष्य का शव
देख देख कर गुज़रते रहे महानुभाव

समय ही नहीं जो ले कोई ख़बर इनकी
पड़ा रहा कई दिनों तक इधर से उधर

अब जो बू मरने लगी नोचे जाने लगे शव
तो निगम की गाड़ी पर लादकर ले गए उसको

इंसान की अकड़ तब तक है, जब तलक वो ज़िंदा
है
सड़ रहे शव पर तो आज इंसानियत भी शर्मिंदा है

80. Aasha k deep आशा के दीप

आशा के दीप जलाए रखिए
हिम्मत अपने आप में बनाए रखिये

चाहत है गर मरीज़ को बेहतर फ़ील कराने का
तो बर्ताव उसके साथ बेहतर रखिये

वक़्त बहुत कम दिन गिन रहा हो बिस्तर पर
तो हौसला मरीज़ का बढ़ाते रहिये

मर्ज़ में मुब्तला को छोड़ना कमज़रफ़ी है
इंसान हो तो ईश्वर पर आस बनाए रखिये

81. Aurat ka wajood औरत का वजूद

बेटियों से ही घर में राहत है
बेटियाँ हैं तो घर जन्नत है

बेटियाँ संसार में खुदा की रेहमत हैं
ये अनमोल शै खुदा की नेमत हैं

जो बेटियों के साथ जहेज़ तलब करते हैं
उस हर शख्स पर खुदा की लानत है

मुफ्लिस लड़कियों की शादी करा देना
ये भी तो एक तरह की इबादत है

इस जहान में जिसकी सबसे ज़्यादा शोहरत है
वो खुदा की तरफ़ से उतरी गई औरत है

82. Aakhri saans tak आख़री सांस तक

दिल जुड़ गए तो टूटेंगे नहीं
हाथ से हाथ कभी छूटेंगे नहीं

देश पे मर मिटने का जो जज़्बा है
दुश्मनों के सामने झुकेंगे नहीं

बढ़ते रहेंगे आख़री सांस तक
मंज़िल आने से पहले रुकेंगे नहीं

ज़मीन सलाम करे, आसमां सलाम करे
सैनिकों को सारा जहां सलाम करे

83. Nasha Haraam Hai नशा हराम है

चलो मेरे संग की हम रोमांस करेंगे
रोमांस के संग संग कुछ डांस करेंगे
तुम हिलाओ कमर, मैं भी कमर हिलाता हूँ
कुछ देर wait and watch, मैं पी के आता हूँ

पीने के बाद आदमी, आदमी नहीं रहता
इसी ने फेफड़ों का कैंसर बढ़ाया है
खबरदार शराब को जो मुँह भी लगाया है
जिसने भी इसे मुँह लगाया है, मुँह की खाया है

सिगरेट, शराब, गुटखा, अब बस भी करो
जीना अगर है शान से तो इन्हें ना भी कहो

84. Jahez जहेज़

भूख से ऐंठी अंतड़ियाँ
रो रही हैं अँखियाँ

दिल जो टूटा है मेरा
रो रही हैं सारी सखियाँ

अंदर ही अंदर जो छूट गई
मैके के आंगन की थी तितलियाँ

जहेज़ कम दिए बापू ने
नरक का जीवन झेल रही बच्चियाँ

85. Aah se bacho आह से बचो

किसी की आह से बचो
गलत राह से बचो
चपलूसों की चपलूसी भरी
वाह वाह से बचो
बहुत अनमोल है ये जीवन
झूठ सच के लाग लगाव से बचो
नेक इंसान के साथ गलत बर्ताव से बचो

86. Ghav घाव

घाव दिया था जो तूने अब तक भरा नहीं
तुझसे मिलने के बाद जो जज़्बा उभरा ये अभी
मरा नहीं
वैसे तो नहीं रुकती ज़िंदगी किसी के चले जाने से
यादों में तू रहता है किसी ना किसी बहाने से

ज़िंदगी एक पल को भी रुकती नहीं, सो चलती
चली गई
वो जो मोहब्बत का चढ़ा खुमार था, अब तक
उतरा नहीं
कितने ज़ालिम है वो लोग जो दिल तोड़ के चल
देते हैं
दिल का वो ज़ख़्म अभी तक हरा है, जो कभी
भरा नहीं

87. Teri Pyaas तेरी प्यास

तू जो चली गई तो ज़िंदगी उदास है

ज़िंदगी को अभी भी तेरी तलाश है

बुझी बुझी सी ज़िंदगी और ये ख़ालिपन

जैसे हर एक लम्हे को तेरी प्यास है

88. Dil par kaboo दिल पर काबू

कोई आया ज़िंदगी में दस्तक दे गया
फिर उसके बाद दिल पर काबू नहीं रहा

बहुत चाहा समेट लूं अपने आपको मगर
बात बनी नहीं और मैं बिखर गया

दस्तक जिसने दिया, देकर निकल गया
तन्हाई ने उसके बाद मुझे जकड़ लिया

खुशियों भरे लम्हात से थी उंसियत नहीं
ऐसे गुज़रते हालत से मैं तो डर गया

हंस हंस के देख रहे थे महफ़िल में लोग मुझे
जैसे कोई तमाशा हूँ, मैं तो सिहर गया

89. Manavta ki aandhi मानवता की आंधी

बादल गरजे, पानी बरसा
प्यासी धरती की प्यास बुझी
ओले टपके, मनवा बहके
दिल को फिर से खुराफ़ात सूझी

बाढ़ जो आई, बहा ले गई
धन-संपत्ति को समा ले गई
काश के उड़ा ले जाए नफाक का चदर
समाज में मानवता की ऐसी आंधी आए

90. Bhoole bhatke din भूले भटके दिन

ना पिता रहे ना रही मां
काल के गाल में सब समा गए
ना ख़ुशी रही ना वो समा
पता नहीं सब कहाँ गए

एक ख़ालिपन सा रह गया
वो बचपन के दिन कहाँ गए
लौट चलो एक बार फिर से वहाँ
भूले बिसरे दिन जहाँ गए

91. Jal bachav जल बचाव

जल को बचाव के बचती रहे जिंदगी
इसकी किल्लत न हो, न हो कभी तंगी

बूंद बूंद पानी है बड़ा अनमोल
जो अभी व्याप्त है बिना मोल

गर ध्यान न दिया गया इस ओर
ये लुप्त हो जाएगा इस छोर से उस छोर

92. Roothe mummy papa रूठे मम्मी पापा

गगन प्यारा धरती प्यारी है
वतन प्यारा वर्दी प्यारी है

घर प्यारा पत्नी प्यारी है
जीवन की बगिया बहुत ही न्यारी है

चले भी आओ रूठे हुए मम्मी पापा
ये दिल तुम्हारा ये जान तुम्हारी है

93. Bhaichare ki zarurat भाईचारे की ज़रूरत

देश है
देशवासी हैं
देशभक्त भी हैं

फिर भी आज अपना देश बहुत त्रास्त है

दिल में कुछ
ज़बान पे कुछ
धड़कनों में कुछ

भाईचारे की ज़रूरत आज देश को बहुत है

94. Berozgar बेरोज़गार

बेरोज़गार मर रहा है
कुछ तो करो

बेरोज़गारी दर बढ़ रही है
कुछ तो करो

चुप हाथ पे हाथ देकर बैठना मर्दांगी नहीं

सब कुछ दाव पे लग रहा है
कुछ तो करो

तय्यारी करते करते उम्र बीत गई
युवा वर्ग फंदे पर लटक रहा है
कुछ तो करो

95. Bedhadhak Kaho बेधड़क कहो

दिल में जो आए उसे बेधड़क कहो

दिल को जो भाए वो सब कहो

ज़िंदगी को ज़िंदादिली से जियो

अपनी खुशियों को दूसरों पे लुटा के कहो

96. Tamasha-e-jahan तमाशा-ए-जहां

ज़िंदगी में उतार-चढ़ाव आते रहते हैं
खिजां और बहार आते रहते हैं
जो मिल गया वो ज़हेनसीब है
जो खो गया उसे भुलाते रहते हैं

ज़िंदगी से गले मिले मिलकर चल दिए
दुनिया है लोगों में शुमार होते रहते हैं
ना गिले-शिकवे हैं ना मांगने की ख्वाहिश है
जहां में ऐसे भी ख़ुद्दार होते रहते हैं

खिदमत-ए-ख़ल्क के वास्ते सारी मिल्कियत बेच
दी
कुछ नेक बंदों को ऐसे भी बुख़ार होते रहते हैं

97. Matritv ka ehsaas मातृत्व का एहसास

एक नन्ही सी जान जब से ज़िंदगी में आई
तुतलाती हुई जुबान से जब माँ मुझे बुलाई

मैं अल्हड़ नादान फूल सी बच्ची
उस दिन से एक पोख्ता माँ बन पाई

98. Shareer Nashwar Hai शरीर नश्वर है

ज़िंदगी मिली है तो जीना ज़रूरी है
आत्मा और शरीर का साथ एक मजबूरी है

दुष्ट आत्मा हो या त्रिप्त आत्मा, झेलना शरीर को है
कड़वी बोली आत्मा झेले पिटाई भुगतना तो शरीर
को है

आत्मा और शरीर का चोली-दामन का साथ है
शरीर को पूरे कबू में रखना आत्मा के हाथ है

आत्मा अजर है, अमर है, सदैव रहती है
शरीर का क्या, वो तो हमेशा से नश्वर है।

99. Pati patni ka makaam पति-पत्नी का मकाम

पति-पत्नी का जीवन है संग-संग
एक डोर है तो एक है पतंग
एक जीवन की नैया तो दूजा खेवैया
एक शमा है तो दूजा परवाना

एक बिन बदल बरसात तो दूजा न कटने वाली
रात
एक पूर्णमासी का चांद है तो दूसरा चकोर
जैसे रात के बाद सदैव आती भोर
एक ज़मीं तो दूजा आसमान है
दोनों के मिलन से बस्ता जहान है।

100. Bacchon me sanskaar daalein बच्चों में संस्कार डालें

छोटे बच्चों को कभी न सताया करो
कुछ तोहफे हमेशा ही लाया करो

निश्चल निर्मल उनकी काया है अभी
कुछ सीधे सरल बात सिखाया करो

जो तुम करते हो, वही वो करते हैं देख-देख
उन्हें उल्टी-सीधी पट्टी न पढ़ाया करो

चाक पे जिस तरह गढ़ता बर्तन कुम्हार है
वैसे ही उन्हें समय रूपी तंदूर में पकाया करो

101. Logon ko kehne do लोगों को कहने दो

शराफत नीलम न होने पाए
इज़्ज़त बदनाम न होने पाए
ज़ालिम के जुल्म का डट कर करो मुकाबला

तुम्हारी हैसियत क़ुर्बान न होने पाए
चेहरे बेदल बदल कर दुनिया करे सवाल
सवालों में उलझकर दिल परेशान न होने पाए
सबसे बड़ा रोग क्या कहेंगे लोग
बसी बसाई दुनिया बियाबान न होने पाए

102. Police पुलिस

वर्दी प्यारी है या प्यारी है रिश्वत
ज़िम्मेदारी प्यारी है या प्यारा है खिलवत

देश को बचाओ पूरी ज़िम्मेदारी के साथ
गलत को पकड़ ले जाओ होशियारी के साथ

काम पूरी निष्ठा से करो के दुनिया करे नाज़
पुलिस महकमे पर कभी भी न आने पाए आंच

103. Insaan wahi hai इंसान वही है

देश हो या विदेश, इंसान वही है
लोगों को लोगों से पड़ते काम वही हैं

शाम के पहर गलियों में सजते दुकान वही हैं
हवा के लिए छोड़े गए रौशनदान वही हैं

मजबूरों, बेबसों, बेकसों की तकलीफों पर
इंसानियत से पेश आते इंसान वही हैं

104. Matlab Parast मतलबपरस्त

दुनिया बहुत मतलबी, मतलब के यहाँ पे लोग
जिसको जैसा देखा वैसा करे हैं चोट

मतलब की दोस्ती यहाँ मतलब की यारी है
पल में करें वफ़ा तो पल में गद्दारी है

चेहरों पर लोगों के अलग-अलग मुखौटे हैं
वरना ये दुनिया तो बहुत ही खूबसूरत है न्यारी है

105. Mamla Sulajh jaye मामला सुलझ जाए

मैं हूँ, मेरी तन्हाई है
वो फिर से लौट आई है
मैं खुश हूँ, घर में रानाई है
जब से वो मुस्कुराई है
ज़िंदगी में हरियाली है
चहूँ ओर खुशहाली है
फिर से वही चहकना
फिर से वही फुदकना
अब सारे हालात बेहतर हैं
अब सारे मामलात बेहतर हैं
हर किसी का कोई लौट आए
अब तन्हाई की ना कोई चोट खाए।

106. Dahej roopi Danav दहेज़ रूपी दानव

सास बोली, दहेज़ में क्या लेकर आई है
पिता का विश्वास, माँ के आंसू, भाई-बहन का
प्यार
पलंग, सोफा, फ्रिज सब कहाँ छोड़ आई है
मेरे सारे सामानों का किस-किस को है दरकार?

जो चलता आया है, समाज में वो कहाँ मिला
अपने मम्मी-पप्पा की पूरी कायनात हूँ मैं, फिर
कैसा गिला?
सोचिए, आपकी भी बेटियाँ हैं चार, दहेज़ कहाँ से
लाएंगी?
दहेज़ गर न जुटा पायी तो खुदकुशी करवाएंगी?

इस दहेज़ रूपी दानव को आज से बल्कि अभी से
दफ़न करो
किसी के लख्ते जिगर को बिना दहेज़ ही ग्रहण
करो।

107. Kamsin Haseena कमसीन हसीना

कमसीन हसीना नीलाम हो गई सरेआम बाजार में
सब कुछ अलग ही था उसके लिए उस शाम में

ग्राहक के लिए खड़ा होना था सभी को कतार में
झुकाए हुए गर्दन, जानिब-ए-कमरा जाना था
एहतराम में

कीमत पर कीमत लगाई जा रही थी उस नन्हीं
जान की
बदनाम गलियों ने मिटा दी जिसकी सारी पहचान
थी
जो भी लाई गई यहाँ वापसी उनकी मुमकिन नहीं
इस गली की हर लड़की गुमसुम थी, गुमनाम थी

काश के हर वो शख्स जो इनके कोठे तक जाता
है
इनसे शादी करता, मोल चुकाता, उन्हें दलदल से
बाहर लाता।

108. Neend नींद

नींद सबसे ज़्यादा प्यारी है, न्यारी है
नींद ही जिस्म रूपी महल की फूलवारी है

नींद अमृत है, अशर्फी है, चांदी सोना है
नींद के बाद ही कुछ भी होना है

नींद को महल की मखमल की कम्बल की
ज़रूरत नहीं
ये तो आ जाती है टाट पर, फ़ूटपाथ पर और टूटी
हुई खाट पर

109. Ajnabi Sheher अजनबी शहर

एक अजनबी शहर है
और मैं हूँ
बातें दिगर हैं
और मैं हूँ
सुनसान गलियाँ हैं
और मैं हूँ
फ़ुटपाथ की फ़ालियाँ हैं
और मैं हूँ
किसी से मिलना
मिल कर बिछड़ जाना
अजब इत्तेफ़ाक़ था
ना हम ज़बां था
ना हम कलाम था
नज़रों ने नज़रों से कुछ कहा बड़ी बेबाक़ी से और
चल दिया
अब तो जीवन भर की तन्हाइयाँ हैं
और मैं हूँ

110. Ma ki jaddojehad मां की जद्दोजहद

उम्र गुज़र गई उसकी हंसी संजोने में
जिसने हसीन ख्वाब पूरा करने में एक पल नहीं
सोचा

जो रात भर इस सोच में परेशान रही उस लालटेन
तले
कि मेरे बच्चों का भविष्य कल क्या होगा

सुबह उठकर माथे पर न दिखा शिकन और
परिश्रम किया
जिसने रोटी का एक-एक कोर खिलाकर मुझको
बड़ा किया

जिसने अपने आँचल में बिठाकर हर किसी से
झगड़ा किया
मां से बड़ा कोई योद्धा नहीं, सही ही तो कहा गया

111. Asad Zarurat असद ज़रूरत

जब असद ज़रूरत थी पैसे नहीं थे
हम भी ज़िंदा थे पर ऐसे वैसे नहीं थे

कोशिश करने वालों की कभी हार नहीं होती
मेहनतकशों की आपस में तकरार नहीं होती

रात दिन एक कर दिए अपना मकाम बनाने को
अपना अपने बच्चों का हौसला बढ़ाने को

एड़ी चोटी की ज़ोर लगा दी जानिब-ए-मंज़िल
पहुंचाने में
बहुत समय लगा दिया ज़िंदगी को बेहतर से
बेहतरीन बनाने में

112. Dard-e-dil दर्द-ए-दिल

दर्द-ए-दिल, दर्द-ए-जिगर, दिल में लेकर चलना पड़ा
कोतूहल भरे दिमाग को इश्क़ में जलना पड़ा
जब से मिले आप से, अब तो अपना ये हाल है
तिल तिल जिए हम, तिल तिल हमको मरना पड़ा
गुमनामी, बदनामी, बियाबानी, मुकद्दर ही बन गई
हमारे व्यक्तित्व को खुद ही में टूट कर बिखरना पड़ा

113. Bewafai ka rishta बेवफ़ाई का रिश्ता

जिसने दिल तोड़ा, वही तसव्वुर में आता रहा
मेरी नींद, मेरे चैन और सुकून सब ले जाता रहा

दिल भूल जाए उसे, ये तो मुमकिन ही नहीं
बेवफ़ाई का रिश्ता वो बखूबी निभाता रहा

जान जाती रही, जान आती रही, मेरी हर सांस के
साथ
वो मेरी नस-नस में जैसे समाता रहा

हर ख़ुशी, हर ग़म, हर मौसम आए और चले गए
वो ज़िंदगी के हर पग पे मुझको रुलाता रहा

ज़ख़्म ज़िंदगी ने इतने दिए, कि ख़ुद में टूटकर
बिखर गए
एक फ़रिश्ता-ए-जाँ, इन ज़ख़्मों को सहलाता रहा

114. Chauk chaurahon k bacche चौक चौराहों के बच्चे

चौक चौराहों पर बिठाए गए बच्चे
आज देश के भविष्य पर सवालिया निशान हैं
ये मांगते हैं तो ही पेट पालते हैं
इनकी ज़िंदगी में ना कोई भोर है ना भिंसार है

चिथड़ों में लिपटे फिरते हैं मारे मारे
ना घर है ना साजो सामान है
फिर भी चुस्त हैं दुरुस्त हैं ख़ुश हैं
क्योंकि मालिक तो सभी का निगहबान है।

115. Jaddojahad जद्दोजहद

वो टूट कर बिखर रही थी जिन रिश्तों में
बेहतर है कि वो रिश्ते ही टूट कर बिखर गए
कल को भूल जिसने आज में जीना सीख लिया
उनके जिंदगी सज गए, संवर गए

भूले-बिसरे लम्हों को उनके हाल पर छोड़ दो
जो समेटने का जतन किए, वो खुद ही बिखर गए
हालात हैं बदलते रहते हैं जिंदगी भर
जो हालात से लड़ गए, वही आगे निकल गए।

116. Baatein Karne Ko बातें करने को

मेरा दिल तरसता है तुझसे बातें करने को
तसव्वुर में हँसता है तुमसे बातें करने को

अब केवल एक ही रास्ता है तुमसे बातें करने को
आ भी जाओ खयालों के देवता, बातें करने को

जियो खुद भी, जीने दो सुकून से मुझको भी
अखियाँ तरसती हैं बारंबार बातें करने को

117. Baanjh बाँझ

बाँझ की कोई गलती नहीं, फिर भी उसे बाँझ
कहा जाता
ये शब्द परिवार समाज के लोगों की ज़बान पे
आता, दिल दहलाता

बाँझ का बाँझ होने पर हरगिज़ नहीं है अख़्तियार
बाँझ को रात दिन कोसता हुआ, लेकिन मिलता है
संसार

बाँझ को बाँझ न कहें तो क्या कहें, सवाल करते हैं
लोग
बाँझ को पति भी बाँझ कहता, अजब-ग़ज़ब
संयोग

इसमें उसकी क्या ख़ता, क्यों किया जाए ऐसे
शब्दों से सम्बोधित उसे
अंदर ही अंदर वो टूटती जाती है, कहते हैं सब
बांझ जिसे।

118. Apna Sheher अपना शहर

अपना शहर दिखा, कुछ नया-नया
बहुत दिनों बाद बाज़ार जब मैं गया

लोगों के हुस्न-ओ-इख़्लाक में आई है कुछ कमी
कुछ-कुछ बातें हैं जो मुझको नहीं जमी

पर बाज़ार की रौनक हां बढ़ चढ़ कर दिखी
नई-नई दुकानें सजी सजाई लगी

अपना शहर भी तरक्की के रास्ते पे है गामज़न
बाहर से आने वाले हर यात्री का जीत रहा है मन

119. Piyakkad Pati पियक्कड़ पति

एक तो गरीबी उसपर से ५ बच्चे
पति पियक्कड़ रोज़ बरसे डंडे
बच्चे पेट भर अनाज़ को हर दिन तरसे
तीन घरों में काम करती फिर भी जुटे न खर्चे

जब भी घर से निकलती माथा पर सिन्दूर दमकता
चेहरे से दर्द उसका छलक कर बयाँ कभी ना
होता
ऐसी काया फिर भी पति को थी फ़िक्र नहीं
एक दिन गले में फंदा डाल, संसार को अलविदा
कह गई।

120. Jahez ek nasoor जहेज़ एक नासूर

जहेज़ की रो में ससुर जी बह गए
हम कुंवारे के कुंवारे रह गए

सिर्फ़ एक फ्रिज़ की ख़ातिर ही मेरे
सैकड़ों रिश्ते ही कट कर रह गए

शायद अगले साल हो शादी मेरी
वक़्त हमेशा यूँ ही टलते रह गए

जवानी यूँही बर्बाद होती रह गई
लम्हात ज़माने में बदलते रह गए

ग़रीब-व-नादार जवां लड़कियों के
सारे ख़्वाब अधूरे रह गए

अबदा भी बस तमाशबीन ही रही
बेबसों के अरमान सूली पर लटकते रह गए

121. Sawan ki boondon ne सावन की बूँदों ने

जब से छुआ है सावन की बूँदों ने मेरे लबों को
अनकही कहानी चल पड़ी है मेरे जीवन में

रात इतनी लम्बी ख़त्म होगी कब तलक
सूरज की किरनें भी बिखरेंगी गुलशन में

इस बार ज़िंदगी ले रही है कुछ नये हिचकोले
अबकी बार नयी ख़ुशियों का आगमन है तन मन
में

122. Zindagi adhoori reh gai ज़िंदगी अधूरी रह गई

रात आधी है, बात अधूरी रह गई
उससे मेरी मुलाकात अधूरी रह गई
तेरी राहों में पलकें बिछाए बैठी थीं
तुम नहीं आए, मेरी आस अधूरी रह गई

ज़हेनसीबअपकी तशरीफ आवरी
मिले, मिलकर भी प्यास अधूरी रह गई
ज़िंदा हूँ, ज़िंदगी को हर दिन जीती हूँ
मगर तुम बिन ये ज़िंदगी अधूरी रह गई

ज़िंदगी में साथ चले थे, साथ अधूरा रह गया
कभी ना कर पाए जो बयां वो जजबात अधूरा रह गया
सवाली बन के आए थे तेरे दर पे कभी
तूने जो सुना नहीं वो सवाल अधूरा रह गया

123. Din gin kar din din kaata दिन गिन कर दिन दिन काटा

दिन गिन कर दिन दिन काटा
कटा न माया मोह
करवट बदलते रातें काटी
कटा न दुख विछोह
मन का मंका फिरत हैं
हटा न दुख का कोह
दिल की बातें दिल में रखिए
दुनिया ले रही है टोह

124. Sasural me ससुराल में

सुहाना सफर शुरू हो गया
मिलने मिलाने के दिन अब गए
जिम्मेदारी भरी ज़िंदगी आ गई
तितलियाँ बन उड़ जाने के दिन अब गए

मायका जो छूटा तो छूटे सभी
माँ के लोरी सुनाने के दिन अब गए
पैरों में बंधन है साँसों पे बंधन
सखियों संग ठिठोली के दिन अब गए

125. Tanz taane तंज़ ताने

उसके दिल को टुकड़ों में किया गया
और हर तरह से उससे बदला लिया गया

वो सहम सी गई हर आवाज़ पर
उसके लबों को तंज़ तानों से सिया गया

उसके बख़िए सरेआम उधेड़े गए
उस पर दिन रात ज़ुल्मों सितम किया गया

126. Hirfatbaaz हिरफ़तबाज़

साँसों पर भी अख्तियार
कर लेते हैं ससुराल वाले
घुट कर मरने के लिए तैयार
कर लेते हैं ससुराल वाले

बड़े गुर के भरे होते हैं किसी-किसी के नसीब में
बिन मौत ही मार डालते हैं ससुराल वाले
अपने खुद के लिए सजग रहो ए नादान लड़कियों
अपने व्यवहार से बेज़ार कर देते हैं ससुराल वाले

127. Roobaroo karwata dil रूबरू करवाता दिल

बिन पंख हवा में उड़ता दिल
बहकता और मचलता दिल

बार-बार इसे ठेस पहुँचाते लोग
होता सच्चा और बड़ा ही अच्छा दिल

बिन सोचे बिन समझे ही
किसी का भी बन जाता दिल

प्यार का भूखा, प्यार का प्यासा
मारा-मारा फिरता दिल

दिल का मामला बड़ा ही नाज़ुक
होता है बड़ा मतवाला दिल

दो मन मीतों को आपस में
रूबरू करवाता दिल

128. Books किताबें

किताबों की दुनिया में आकर तो देखो
किताबों को इर्द-गिर्द बिठाकर तो देखो

किताबों से दोस्ती एक दिन रास आ ही जाएगी
इसकी खुशबू नस नस में समा ही जाएगी

एक दिन ये दोस्त तुम्हें अम्बर की सैर करवाएगी
और यही समंदर में धारा तल पर ले कर जाएगी

यही नासा, यही इसरो, यही आईआईटी
पहुँचाएगी
यही इस जीवन के सच से रूबरू करवाएगी

इसका स्वाद ज़ुबान को जो लग जाए
तो बिन पढ़े रात के पहर नींद भी न आए

129. Laffaz Mangetar लफ्फाज़ मंगेतर

लड़कियों के सामने लड़के हज़ार होते हैं
लड़कों के पास भी ऑप्शन बेशुमार होते हैं
आखिर किस हद तक किसी से कोई प्यार करे
कि एक दिन वो अपनी ज़िंदगी में उसे शुमार करे

धोकेबाज़ी, लफ्फाज़ी, गद्दारी बहुत ज़्यादा गलत है
माँ-पिता पर बातें टाल देने की हुनर वाला मक्कार
है
बनके मीत किसी के साथ साथ चलना सीखो
प्रीत की रीत के संबंधों में ढलना सीखो

130. Gazal ग़ज़ल

तन्हाई में हँसता है, तन्हाई में रोता है
न जाने कब वो जागता है, कब वो सोता है

उसको देखा अक्सर मैंने चांदनी रातों में
चाँद से बातें कर-करके बहुत ख़ुश होता है

रुसवाईयों की चादर ओढ़े खुद से बेगाना होकर
महबूबा की यादों में दिन भर खोया रहता है

लाज शर्म न आई उसको ब्याह रचा ली गई
ससुराल
फिर भी उसी की यादों में रात दिन रोता रहता है

खुद अपनी ही ज़िंदगी के दुश्मन क्यों बन जाते हैं
लोग
क्यों दिल लगाते रहते हैं, क्यों दर्द ये होता रहता
है?

मैं थर्रा गई ऐ अब्दा देख कर अंजाम-ए-इश्क़
जिस जिस ने दिल लगाया था, दर्द में डूबा रहता है

131. Doodh ka karz दूध का क़र्ज़

माँ के साँसों संग नाता है
इस जहां में जो भी आता है
कोख से नीले आसमान तक
वो खुली उड़ान भर पाता है

नन्ही उंगलियों से आँचल पकड़
अपने छोटे छोटे पगों को बढ़ाता है
माँ के इशारों पर बचपन में
जीवन के सारे गुर सीख जाता है

बड़े का अदब, छोटे का लिहाज़
सभी संस्कार एक-एक कर आ जाता है
एक बच्चा कुछ भी कर ले
दूध का क़र्ज़ कभी नहीं उतार पाता है

132. Sitamgar सितमगर

ए सितमगर आओ ज़रा
और सितम ढाओ ज़रा
मैं टूटी नहीं हूँ अभी
मुझे और तोड़ जाओ ज़रा

आँखों के आंसू सूखे नहीं
इनमें हलचल आकर मचाओ ज़रा
सब्र के बांध सूखे पड़ गए
इस बांध को आकर गिराओ ज़रा

ख़ामोश बेजान हैं आँखें
इन्हें रूदन तो कराओ ज़रा
अश्रुओं की वर्षा इंद्रियों में जान डालेगी
तुम सच में फिर से सताओ ज़रा

133. Unke Kareeb उनके करीब

जब से हम उनसे टकराने लगे
मैं उन्हें वो हमें भाने लगे
मिले मिल कर नए ख्वाब सजाने लगे
उन्हें साकार करने के नुस्खे आजमाने लगे

नए नए उमंग उमड़ घूमड़ कर आने लगे
नए नए तरंग साँसों में दौड़ जाने लगे
उनके करीब आने में वैसे तो हमें ज़माने लगे
कुछ अलग हट कर दुनिया को मगर हमारे
फ़साने लगे

134. Himmat-e-mardaan हिम्मत-ए-मर्दां

इंसान किस बात का तुझे मलाल है
ज़िंदगी को जीना तो हर हाल है
रोज़ी रोटी का जो सवाल है
कुदरत के तरफ़ से मिलना तो हर हाल है

जो अब तक मेरे यादों में रहते आए बहाल हैं
वो अहबाब हमारे मुलाकातों में हर हाल हैं
दौड़ते भागते हुए लम्हों में जो खो से गए
वो ज़िंदगी के साथ भी ज़िंदगी के भी बाद हैं

हर दिन की मुफ़्लिसी जो झेल रहा इंसान है
हिम्मत-ए-मर्दां तो मदद-ए-ख़ुदा उनके लिए
मिसाल है।

135. Sabke apne hisse सबके अपने हिस्से

सर छिपाती हूँ तो पैर खुल जाता है
पैर छिपाती हूँ तो सर।
ये कहावत ज़िंदगी से जुड़ी हुई है
कहती हुई ज़िंदगी का सच।

जब बच्चे छोटे किराए का मकान
अपनी नहीं दुकान।
बच्चों की जब कमाई आई
बच्चों से ही बिछड़ने के इम्कान।

है सामान का भरमार अपना घर बार
पर बिछड़ गया परिवार और तिमारदार
बच्चे थे तो दौलत नहीं, दौलत आई तो बच्चे नहीं
पकवान हैं तो बीमारी भी आ गई, भूखे थे तो
बीमारी नहीं।

आंखों में चमक थी, बच्चों के साथ सरपट दौड़े
अब चहूं ओर सन्नाटा है, तन्हाई खाने को दौड़े।
सब वक्त का लेखा-जोखा है, सब नसीब के ही
किस्से हैं
अब किसको क्या मिला इस जहान में, सबके
अपने अपने हिस्से हैं।

136. Kismat ki lakeerein किस्मत की लकीरें

किस्मत की लकीरों को हम मिटा ना सके
चाहा बहुत ज़िंदगी में तुम्हे ला ना सके

वक़्त का सितम कहूँ या नसीब अपना
जो कहना था तुमसे वो कभी कह ना सके

बिछड़े तो कभी मिलना हुआ नहीं दुबारा
बिछड़ते वक़्त के रुंदन कभी भूला ना सके

आज भी माज़ी ज़ेहन पर मुसल्लत है
गुज़रते लम्हों को दुबारे से फिर कभी पा ना सके

ख़ुदा की मर्ज़ी के बगैर एक भी पत्ता हिल सकता नहीं
तुम्हे हासिल करने के कोई भी गुर आज़मा ना सके

सलामत रहो तुम जहां कहीं भी रहो
अब रोने तड़पने से क्या हासिल जब ज़िंदगी में ला ना सके

137. Raste रास्ते

ये रास्ते कहां तक जाएंगे
आप बढ़ते हुए जहां तक जाएंगे
गर चलते चलते रुक गए तो
रास्ते वही से मुड़ जाएंगे

खुद पे भरोसा हो, यकीन हो अगर
आप क़ौम के रहबर बन जाएंगे
रास्ते हमारा मंज़िल क्यूँ तय करें
मंज़िल तक पहुँचने के रास्ते हम ख़ुद बनाएंगे

सफ़र-ए-इश्क़ में लज़्ज़त बहुत है
दिमाग़ी घोड़े हम साथ में दौड़ाएंगे
सौ गम गवारा हैं तुम्हारे इश्क़ में
मजाल है जो हमारे कदम लड़खड़ाएंगे।

138. Stree स्त्री

स्त्री उठ खड़ी हो अपने लिए अब नहीं सहना
जो करते आए हैं ज़ुल्म हम पर उनसे है लड़ना
दबाते चले आए हैं हमें सदियों से जो
उनके खिलाफ डट कर है अब हमें खड़े रहना

आंसू ग़म रंज-व-आलम जो देते आए हैं आज
तक
हमारे अधिकारों के बाबत उन्हीं से है सवाल
करना
माँ भी नारी, बहन भी नारी और पत्नी बेटी भी नारी
फिर कहो, क्यों तुम्हें इन्हें ही है प्रताड़ित करते
रहना

139. Apahij अपाहिज

अपाहिज शब्द सबको रुला जाता है
परिवार अपाहिज में उलझ कर रह जाता है
माँ ज़िंदगी को जीना जैसे भूल जाती है
बच्चे का भविष्य अंधर में लटकता देख रूंद
जाती है

प्यार मोहब्बत दवा इलाज समय और पैसा
माँ सबकुछ उस पर लुटाती जाती है
बच्चा जो बोल नहीं पाता देख नहीं पाता
सुन नहीं पाता सोच नहीं पाता चल नहीं पाता

ऐसे बच्चे को भी माँ सदा सहज फील कराती है
रोती है बिलखती है दुआएं माँगती नहीं थकती है
उसकी बेबसी ये कि ऐसे बच्चे को वो छोड़ भी
नहीं सकती है

कुदरत की रज़ा के आगे सर झुकाना पड़ता है
चाहो ना चाहो ऐसे बच्चों का साथ निभाना पड़ता
है

140. Ajeeb Bechaini अजीब बेचैनी

शब सुकून से कभी गुज़ारा नहीं
तुम्हे भूलना दिल को गवारा नहीं

हर सितम है तुम्हारा गवारा मगर
जीना तुझसे बिछड़कर गवारा नहीं

मुँह जो खोला तो रुस्वा होंगे सबही
सितमगर कभी भी हमारा नहीं

पसेमंजर जो थे पेशे खिदमत हैं आज
सामने से आना जिन्हें था गवारा नहीं

रहबर रहज़न क्यों बन गए
क्या ज़मीर ने उन्हें फटकारा नहीं

कंधा देने को चार यार अब भी हैं खड़े
जीते जी जिन्होंने दिया सहारा नहीं

141. Tere Naam तेरे नाम

सुबह से चलते चलते शाम हो गई है
ये ज़िंदगी हमेशा के लिए तेरे नाम हो गई है
जवानी चार दिन की चांदनी है जानेमन
मैखाने के दर पर आकर ये बदनाम हो गई है

तुमने जब बेवफ़ाई की तो मेरी शख़्सियत
लोगों की भीड़ में आकर सरेआम हो गई है
सोचा हिज्र की बातें हम छिपाए रखेंगे
तुम्हे पाने से पहले ही ज़िंदगी तमाम हो गई है

142. Hum dono हम दोनों

इश्क़ की बू लगी और देखते-देखते बदल गई मैं
उसे पाने के लिए शिद्दत की हद तक गई मैं
रात रात भर उसी की यादों में उलझी रही
दिन-दिन भर खयालों को उसी के मैं बुंनती रही

तड़प इतनी बढ़ी कि बड़बड़ाना भी सीख लिया
सदगी पसंद लड़की ने किसी को रिझाना भी
सीख लिया
उसकी यादों के बाद कुछ भी याद रहा नहीं
जब से वो बसा दिल में, फिर कोई भी बसा नहीं

हमारे वस्ल के दरमियाँ कई अड़चनें आती-जाती
रहीं
इसके बावजूद भी प्यार की राहों में मैं पग बढ़ाती
रही
तारीफ़ उस ख़ुदा की जिसने हमें मिलाया है
इस धरती पर एक ही दौर में हम दोनों को लाया
हैं

143. Deedar na maang दीदार न मांग

सवाल मत कर, जवाब न मांग
गुज़रते कीमती लम्हात के हिसाब न मांग
दिल और दिमाग के बीच में नफ़ाक रहा हर पल
जो आया था शबाब उसका हिसाब न मांग

दिन आह-वा-जारी में, रात सिसकियों में गुज़री है
ये ज़िंदगी दिल के उजड़े हुए बस्तियों में गुज़री है
ग़म रंज वा अलम सबही साथ-साथ थे
गुज़रते पल थे, ग़मज़दा हालात थे

डूबती नैया की साहिल से पतवार न मांग
मैं फिर से तेरे सामने आऊं, मेरा दीदार न मांग

144. Kamyabi to gadh कामयाबी तो गढ़

सारे रिश्ते नाते तोड़ दो गर रिश्ते अच्छे नहीं
सभी को पीछे छोड़ते हुए तू आगे को बढ़
आगे बहुत कुछ है तेरे इंतज़ार में तुझे पाने को
तू अपनी मंज़िल पाने का रास्ता हमवार तो कर
रिश्ते टूटे, नाते टूटे, टूट गए सारे संबंध
अब बाकी नहीं कुछ खोने को
"फिकर ना कर" रे बंदे, घबराने का नहीं
हर दिन तू एक नई कामयाबी तो गढ़।

145. Fauji फौजी

देश का जवान सरहद पर ज़ख़्मी है
ताबड़तोड़ हमला है, फुर्ती से वार भी करनी है
देश के हिफाज़त की ख़ातिर जान की शहादत भी देनी है
ये उत्साह भी है, तिरंगे की लाज़ भी रखनी है

यहां तो हर दिन ही एक धड़ गिर रहा है
यहां तो हर दिन ही शहादत पेश आनी है
ये शेर अपने ही वतन के बगीचे के फूल हैं
जिनके छाती में होती आर पार शूल हैं

एक फूल के मुरझाने से क्या सारा गुलिस्ताँ मुरझा गया?
अरे, वतन के हित में एक के बाद दूसरा, तीसरा, चौथा आता गया
चिंता नहीं जिन्होंने बेटों को खोया, चिंता उन्हे देश के हित की है
देशप्रेमी पिता को पूछा, चिंता है तो सिर्फ़ देशप्रीत की है

146. Ishq ki sooli इश्क़ की सूली

जो इश्क़ की राहों में जुदा हो गए, फ़ना हो गए
वो लज़्ज़त-ए-इश्क़ पा गए और बाक़ा हो गए

जो इश्क़ की राहों पे चले और एक हो गए ज़िंदगी में
वो इश्क़ की लज़्ज़त से हमेशा के लिए महरूम हो गए

ज़ाहिर है ये इश्क़ दानिश्ता तो की जाती नहीं
ये बीमारी ऐसी है जिसे हो जाती है उम्र भर जाती नहीं

दो चाहने वाले सारी ज़िंदगी जुदाई के लपटों में जल जाते हैं
इश्क़ की सूली पे जीते जी वो हमेशा ही चढ़ जाते हैं

दुनिया वालों ने कोई भी रास्ता नहीं छोड़ा उनके लिए अब तक
ये तड़पते तड़पते इस जहान को अलविदा कह जाते हैं

147. Saadgi bhi husn सादगी भी हुस्न

संभालो हुस्न पे आता शबाब
ये पहन लो हुस्न को छिपाता नकाब
बा-अदब बा-मुलाहिज़ा ए हुस्न के सरकार
पेश करता हूँ आपकी खिदमत में एक ताज़ा
गुलाब

इस सादगी का क्या कहना माशाल्लाह
जी जनाब, आपकी सादगी है इस जहान में ला-
जवाब
आपकी हंसी ऐसी जैसे कोई फूटता फव्वारा
देखने वालों को दे जाती है खुशियाँ बेहिसाब

148. Saccha Pyaar सच्चा प्यार

सच्चा प्यार होता है टूट कर बिखर जाने के लिए
इश्क़ की सूली पर जीते जी चढ़ जाने के लिए

इश्क़ की राहों में आता निखार जुदाई में है
बेवफ़ा आशिक़ व माशूक़ा की गुज़रती तन्हाई में
है

गुज़रे जा रहे पल बिरहा की आहों में होते हैं
जुदाई वाले पल काँटों भरे गुज़रते राहों में होते हैं

इश्क़ की मंज़िल दीवारों में चुनवाये गए कल में
होती है
और मज़नूओं पर बरसाए गए पत्थरों के पल में
होती है

इश्क़ में चोट ऐसी लगे है जो दिखाए ना बने हैं
इसकी लपटें इतनी ऊँची उठे हैं जो बुझाए ना बने
हैं

149. Khud me uljha खुद में उलझा

क्यूँ तू रूठा रूठा हुआ है
लहज़ा क्यूँ बदला हुआ है
तीरगी आँखों में क्यूँ है
समंदर सा उफ़ना हुआ है

तस्वीर सा ख़ामोश है तू
चेहरा क्यूँ तेरा उतरा हुआ है
शांत है ऊपर ऊपर से
अंदर से क्यूँ टूटा हुआ है

जो बोलना है बोल भी दे
खुद में क्यूँ उलझा हुआ है
समझदार जिस कदर हो गया
वक़्त का तू मारा हुआ है

ज़िंदगी में सारी ख़ुशियाँ हासिल हुईं
तेरे साथ जब से मेरा गुज़ारा हुआ है

150. Vriddhashram वृद्धाश्रम

घुटन हो रही है अब तो कोई बचा लो
मेरे बच्चों आकर वृद्धाश्रम से निकालो

बहुत रोते हैं याद करके गुज़रा ज़माना
तब न था जहां में हमारा कहीं भी ठिकाना

छाती से चिपका कर तुम लोगों को था पाला
ताज़ा ताज़ा खिला कर सब से अच्छे स्कूल में था
डाला

मकाम ऊँचा पाते ही हमें लाकर वृद्धाश्रम में
डाला
लगने लगे भार हम तो, हमें अपने घर से निकाला

मां पिता ही हैं वो जिनसे जन्मे हो तुम
बड़े होते ही तुम्हारी बुद्धि कहां हो गई गुम

ठहरो, कहां दौड़े जा रहे हो, विराम दो ज़िंदगी को
अभी
तुम जो कुछ भी मेरे साथ कर रहे हो वही करेंगे
तुम्हारे बच्चे भी

ए ख़ुदा सहारा दे कर बेसहारा कर दिया
बच्चों के रहते मेरा वृद्धाश्रम में गुज़ारा कर दिया

151. Fana फ़ना

अजीजो अकारिब सारे के सारे रुखसत हुए
उनके चेहरे मेरी नज़रों में ठहर से गए
ख़ानदान के लोगों की यादों को ज़ेहन में लिए
हम भी वक़्त के धारों संग बहते गए

दिल रंजीदा है अभी तक कई सवालों को लेकर
किधर से आए थे सब के सब और किधर गए
इस ज़माने में किस जुर्म की सज़ा इंसान को मिली
है
क्यों घर बसा के सब यहां से फ़ना हो गए

152. Hoonk हूंक

एक हूंक सी उठी है अभी अभी
किसी ने दिल पे दस्तक दी है अभी अभी

मैं बहुत जज़्बाती हो बैठी हूं उसे लेकर
सामने वाले को पूरी तरह से समझना है अभी

वो आते ही मेरे मन मस्तिष्क पे छा गया
उसके बारे में बहुत कुछ जानना है अभी

यूं ही आँखें मूंद कर यकीन ना कीजिए किसी पे
राज़-ए-दिल बताने से पहले उसे परखना है अभी

गैर फिर गैर हैं, गैरों से दूरी बनाए रखिए
वक़्त आने पे आ जाएगी सामने असलियत सभी

153. Ishq Karna Chhodd Diya इश्क़ करना छोड़ दिया

ग़म-ए-जुदाई ने इस क़दर तोड़ दिया
उसकी बेवफ़ाई ने अंदर तक मरोड़ दिया।

राज़-ए-दिल कहें भी तो किस से कहें
अपना बना के मुँह मोड़ लिया।

ना कुछ करते बना, ना कुछ कहते
इश्क़ के चौराहे पे लाकर छोड़ दिया।

इश्क़ में नाकामी के बाद मैंने
इश्क़ करना ही छोड़ दिया।

154. Tera Bhala Ho तेरा भला हो

छोड़ कर जाने वाले तेरा भला हो
मुड़ कर न आने वाले तेरा भला हो
साथ तूने मेरा पल दो पल ही दिया था
सपने सुहाने दिखाने वाले तेरा भला हो

रास्ता अनजान, डगर अनजान, है सब क्या करूँ
सीधे रस्ते से भटकाने वाले तेरा भला हो
तेरी चाहत में खुद को भूला बैठी हूँ
कफ़स की तीलियों में बांधने वाले तेरा भला हो

155. Khuda Ki Marzi ख़ुदा की मर्ज़ी

सारा जहां सो गया, ख़ुदा की मर्ज़ी

ख्वाब कहीं खो गया, ख़ुदा की मर्ज़ी

तन्हाई डराने को दौड़े, ख़ुदा की मर्ज़ी

कातिलाना है आज की रात, ख़ुदा की मर्ज़ी

सितारे झिलमिला कर टूट गए, ख़ुदा की मर्ज़ी

सारे अपने एक-एक कर छूट गए, ख़ुदा की मर्ज़ी

दिनों दिन बिगड़ते जा रहे हालात, ख़ुदा की मर्ज़ी

कोई समझना ही नहीं चाहता जज़्बात, ख़ुदा की मर्ज़ी

बिछड़ कर भी बाकी है कुछ याद, ख़ुदा की मर्ज़ी

कुछ भी हो चलना है जग के साथ, ख़ुदा की मर्ज़ी

156. Nariyon ka samman नारियों का सम्मान

नारियों का सम्मान करो
पुत्रियों का उत्थान करो
पुत्र घर के कर्णधार हैं
ये तो जग में ज़ाहिर है
संग में पढ़ती लिखती हैं जो
उनका भी कल्याण करो
जो दिख जाए सड़कों पर संकट में
रुक कर उनके संकटों का भी निदान करो
माँ, बहन, भाभी या हो नौकरानियाँ
उनकी भी इज़्ज़त और हिफ़ाज़त करते रहो
ये सभी कार्यों का आरंभ तुम
अपने ही मोहल्ले और घर से करो
अबदा भी खड़ी है साथ में तेरे आए दोस्त
सोचो इंसान हैं हम तो इंसानियत के नाते करो

157. Sauda-e-Dil सौदा-ए-दिल

दिल का सौदा संभल कर किया नहीं जाता
जो होना होता है वो होता चला जाता

दिल को वही तोड़ता है जो दिलबर कहलाता
दिल में जो बसता है वही फुर्र से उड़ जाता

दिल को संभालें भी तो कैसे, दिल अब दिल की नहीं सुनता
दिल है, दिल ही दिल में, ये नए ख्वाब बुनता

दिल में जो आ जाता, अपनी एक पहचान छोड़ जाता
वो अच्छा हो या बुरा, एक पुख्ता निशान छोड़ जाता

दिल की बातें दिल से सुनो, सुनकर इसे दिल ही में रखो
दिल बड़ा धोकेबाज़ है, जब तब ये दगा दे जाता

दिल बड़ा जज्बाती है, ये ज़रूरी नहीं सब सच ही कह दे

रो कर कलंप कर चुप रहे, कभी कुछ भी ये नहीं
कह पाता

दिल के सौदे में मिलना बिछड़ना होता ही रहता
है
दिल की बातें दिल से न लगाएं, जो वही तो आगे
बढ़ पाता है

दिल के मरीज़ बनकर यूं न फिरो तुम दरबदर
मजनू बनने वाला ही दुनिया की ठोकरें खाता है

158. Zindagi ki naiyya ज़िंदगी की नैय्या

तुम और हम, हम और तुम
एक दूजे में हो गए गुम
ज़िंदगी की नाव उस पर तेज़ बहाव
बरखा आई, बहार आई

दिन चार्या में खुमार आई
सावन के झूले पड़ गए
मेले ही मेले लग गए
पानी की झम-झम और फूहार

पानी में हम खेले और करें गुहार
खिल उठा तन मन बागान में
फिर किलकारियाँ गूंजी आंगन में
छोटे कदमों की होने लगी रुन झुन

कितने सावन आए गए जीवन में
अब तो गुज़रा हुआ वो पल ना आएगा
अब तो यादों का झकोरा ही बहा ले जाएगा

159. Chhal ki shadi छल की शादी

शादीशुदा थे तो क्यों शादी कर लीया
किसी कुंवारी की क्या खाता थी जो छल किया
घूमते रहे फिरते रहे, ना कोई ज़िक्र किया
जब सामने आई हक़ीक़त तब Tension शुरू
हुआ
इलाहेदगी पे जो आ गई Wife आपकी
पहले वाली के तरफ़ ही पलड़ा झुक गया
रोईं गिलगिलाई तन्हा ही करवटें बदली
ऐसे रहने को क्योंकर उसे तूने छोड़ दिया
उसकी कोई ख़ता नहीं इस रिश्ते-नाते में
आपने तो हर तरह से उसे तोड़ दिया
इंसाफ़ करो, मामलात भी साफ़ करो अब उसके
साथ
पाई पाई चुकता करके कहो, तुमको रिहा किया

160. Kinnar किन्नर

अरसे बाद घर में ख़ुशी की लहर दौड़ गई ये
ख़बर सुनकर
बहू हामला है, बच्चे आएंगे अब नहीं कोई फ़िक्र
बड़े आदर सत्कार होने लगे, पिता भी ले गए
अपने घर
वहाँ पर भी रहने लगा ख़ुशियों का मंज़र
कोहराम तो तब मचा जब बच्चा हुआ किन्नर
छीन कर ले गए किन्नर ख़ौफ़ का हर तरफ़ मंज़र
माँ बेहोश, नैहर ससुराल वाले भी हैं बद-हवास
एक बिजली सी गिरी थी दोनों ही के अस्तित्व पर
बच्चा बड़ा हो कर तालियाँ ठोकने को मजबूर
खेल खेला समाज ने, ऐसा भद्दा, ऐसा क्रूर
वो लख्ते-जिगर और ये माँ दोनों ही मजबूर थे
चाह कर भी मिल नहीं सकते थे, ज़िंदा रह कर भी
ज़िंदगी से दूर थे
हो सके तो कुछ भी करो, ख़ुदा के वास्ते इनके
लिए
एक माँ अपने लख्ते-जिगर को छोड़ने पर न
मजबूर हो।

161. Prithvi ki chinta पृथ्वी की चिंता

पृथ्वी रो रही है कि अभी भी उसके बच्चे हैं नादान
पेड़ काटे जा रहे हैं जैसे सिर से बाल
मेरे चेहरों पर बू मारता प्लास्टिक का है सृंगार
जिस्म पर ठूंठ जलाए जा रहे, परेशान है जहान

हवा विषैली है, जल भी विषैला हो चला
कोरोना के बाद इंसानों के शव को नोचता हैवान
आहार बिना यत्र तत्र जीव जंतु का पड़ा शव
आवारा बेसहारा जंतु चर गए फसलें और जौ

जंगल खत्म हो रहे , जंगली जानवर कहाँ जाएं
इंसानों के बीच आकर इन्हें ही न खा जाएं
पृथ्वी जैसे सोच रही, हमें भी सोचना होगा
बढ़ते गंदगी और मलवो को रोकना होगा

पेड़ों को लगाएं हम सब मिलकर बेशुमार
जो जीवन चक्र के लिए करेंगे ऑक्सीजन तैयार

162. Jal जल

जल को बचाव के बचती रहे जिंदगी

इसकी किल्लत ना हो, ना हो कभी तंगी

बूंद बूंद पानी है बड़ा ही अनमोल

जो अभी व्याप्त है बिना मोल

गर ध्यान न दिया गया इस ओर

ये लुप्त हो जाएगा इस छोर से उस छोर

163. Naye daur k log नए दौर के लोग

दिलों की दूरियों मिटाने चला था मैं
फ़ासले बढ़ते गए, हर इंसान बिखरता गया
दुनियावालों को कौमी एकता का पाठ पढ़ाने
चला था मैं
सब तो एकजुट हो गए, बस मैं ही अकेला रह
गया
चले थे ज़िंदगी में सबको साथ में लेकर
लोग हटते गए और कारवाँ छितरा गया
चाहा बहुत समेटकर रखूँ सबको एकजुट
घर के लोगों में ही मुनाफ़क़त आता गया
किस पर यकीन करूँ, कहाँ ढूंढूँ सच्चे लोग
किस्से कहानियों में मिले मैं जिधर गया
हर इंसान को समझने की मैंने कोशिश की बहुत
कुछ भी पल्ले नहीं पड़ा, मैं मुँह की खा गया

164. Tandurusti hazaar nemat तंदुरुस्ती हजार नेमत

तंगी तंगदस्ती बदहाली हो तो
तंदुरुस्ती ख़ुशमिजाज़ी हजार नेमत है
तन पे बस्तर गर चे सस्ते हो, ओछे हो
सारे अंग सलामत हजार नेमत है
दो वक़्त की रोटी गर चे नसीब हो हर दिन
तब तो फ़क़ीरी में बादशाही हजार नेमत है
गैर के काम में गर भागम भाग और लानत
मलामत है
तो सुकून की अपनी थोड़ी कमाई ही हजार नेमत
है
कभी भी कोसो ना तक़्दीर को हर वक़्त
तक़्दीर में जो हर दिन आई है वो हजार नेमत है
दो पैसे का जुगाड़ है तो भी कम नहीं
इसी से तो ज़िंदगी में आती राहत है

165. Meethi Zabaan मीठी ज़बान

ज़बान अगर मीठी है तो हर बात बन जाए
दोस्तों की जुटी महफ़िल हो तो रात बन जाए
चाय हो, नाश्ते हो और कहकहज़ार महफ़िल हो
फिर क्या कहना, हर रात ख़ुशियों की सौगात बन जाए
घर में मिल्लत हो ना किसी तरह की किल्लत हो
तो दुख से भरा जीवन भी निजात बन जाए
अगर 15 लाख आ जाए सभी के ख़ाते में
तो तन-बा-आसानी वाला कहावत चरितार्थ बन जाए
बनने को तो दिन ईद, रात शबे-बरात बन जाए
पर शर्त ये है कि हमारे आपस के मामलात बन जाए

166. Pati patni ka rishta पति-पत्नी का रिश्ता

वो रूठा रहा, मैं मनाती रही
वो सोता रहा, मैं जगाती रही
दिल जो टूटा उसने मोड़ लिए रुख़
वो सिसकता रहा, मैं सर दबाती रही
दोनों की साँसें आती जाती रही
बातें बन गईं तो खिलखिलाती रही
दुखों के अम्बार पर बैठकर जीना सीखा है
ज़िंदगी तो अपनी ही बिसात बिछाती रही
मान मनव्वल का ये रिश्ता बड़ा ही पावन है
इसी तरह तो धरती पर चलता मानव जीवन है

167. Pati patni ka jeevan पति-पत्नी का जीवन

पति-पत्नी का जीवन है संग-संग

एक डोर है तो एक है पतंग

एक जीवन की नैया है तो दूजा खेवैय्या

एक शमा है तो दूजा है परवाना

एक बिन बादल बरसात है तो दूजा कभी न खत्म

होने वाली रात

एक पूर्णिमासी का चांद है तो दूजा चकोर

जैसे रात के बाद सदैव आती भोर

एक ज़मीन तो दूजा आसमान है

दोनों के मिलन से ही बसता जहान है

168. Raste humwar honge रास्ते हमवार होंगे

बढ़ते रहो, रास्ते खुद बखुद हमवार होंगे

मेहनत कशों के तो वो तलबगार होंगे

करते रहो चढ़ाई की मंज़िल, आ ही जाएगी

अड़चनें डालने वाले खुद ही बेज़ार होंगे

ज़हर ना घोला करो दूसरों की ज़िंदगी में

वक्त पड़ने पर कोई नहीं तरफ़दार होंगे

ज़मीन रास्ता देगी, आसमान रास्ता देगा

दुश्मन-ए-जान जो हैं, वो खुद ही ख़बरदार होंगे

169. Janamdin ki badhai जन्मदिन की बधाई

जन्मदिन पर मैं तुझे दे रही मुबारकबाद
बना रहे सदा तुझपर तेरे बड़ों का आशीर्वाद
हर कोई करे तुझ से झुक-झुक कर संवाद
खुशहाली से घर तेरा रहे सदा आबाद
खुशियाँ मिले जीवन में अपरम्पार
सारे जगवासी करें तुझसे प्यार
हर दम चलकर आए शुभ समाचार
हमेशा शुभ चिंतकों से भरा रहे घर-बार
आव भगत करते रहें सब ऐसे हो हालात
तेरे बारे में नहीं पाले कोई बुरे खयालात
सबके लिए तू भी रखे हमेशा अच्छे जज़्बात
सब तेरे तू सबका हो पुत्र, सखा, भाई, बाप

170. Roshan Khalayat Rakhiye रौशन खलायत रखिए

ज़ेहन में हमेशा रौशन खयालात रखिए
दिल में हमेशा बेहतर जज़्बात रखिए।
हालात बद से बदतर हो भी जाएं मगर,
ग़रीबों की फ़िक्र हमेशा साथ रखिए।
मुश्किलों से निजात पाने का रास्ता मिल ही
जाएगा,
मेहनतकशों वाले ख़ुद में हरकात रखिए।
वक़्त के साथ सब कुछ सही हो जाएगा मगर,
फ़ौजी के मानिंद जद्दो-जेहद पर खुद को तैनात
रखिए
हताश हो कर होशोहवास गवाने से बेहतर है कि,
मंज़िल की जानिब कदम बढ़ाने की शुरुआत
कीजिए।
हर सवाल का जवाब सिर्फ़ और सिर्फ़ मेहनत है,
मेहनत जब रंग लाए तो अपनी दिगर औक़ात
देखिए।

171. Apno se milan अपनों से मिलन

अपनों से जब मिले, आंसुओं की धार बहने लगे
दिल में उमड़ आए थे जज़्बात वो जज़्बात बहने
लगे
अपरम्पार ख़ुशी होती है, अपनों के दीदार के बाद
गुस्सा और नाराज़गी के बादल धीरे-धीरे छटने
लगे
सारे रंज-ओ-अलम, सारे ग़म हो गए रफ़ूचक्कर।
मेरे अपनों की संगत में हम फिर से चहकने लगे
देखो गुलिस्तां को आज वो भी है ख़ुशी में शामिल
हमारे अपनों के स्वागत में सारे फूल महकने लगे
रंजिशों में जो हज़ारों नाराज़गियाँ हमारे दरमियां
थे
वो एक-एक कर ज़ेहन-व-दिल में पिघलने लगे
कल तक रास्ते का पत्थर जो समझते आए थे मुझे
आज मेरी कामयाबी पर मुझे नयाब हीरा कहने
लगे

172. Rishton me bhi vyapar रिश्तों में भी व्यापार

आज रिश्तों में भी व्यापार होने लगे हैं
अपने ही अपनों के खरीदार होने लगे हैं
गैर तो गैर हमेशा से हैं मगर
अपनों के दिए ज़ख़्म से हम बेज़ार होने लगे हैं

इस दौर में अपने अपने कहलाने के लायक नहीं
रहे
तोता चश्म रिश्तेदारों को देख हम बेदार होने लगे
हैं
कम-ज़र्फ़ और ईमान के सौदाई जो कल तक थे
वो आज मस्नद पे इज़्ज़त के साथ बैठने लगे

सीधे सच्चे ईमानदार सदा से समाज के निशाने
पर
बेईमान बदतमीज़ उचक्के वाह वाही लेने लगे हैं

173. Footpath par bilakhte bacche

फुटपाथ पर बिलखते बच्चे

फुटपाथ पर रोते बिलखते बच्चे
मां बाप सर्दी से ठिठुरते सिहरते

ना घर है, ने दीवार है, ना छत है कोई
खुले आसमानों तले जिंदा रहते

इनके ज़िंदगी का ना कोई भूत है ना भविष्य
यूही दिन रात फुटपाथ पर पड़े रहते

खाना है, कमाना है, काहे का बचाना है
ये और इनके बच्चे सदा ही अशिक्छित रहते

दया की भीक देते हैं लोग बराबरी नहीं
ये अनमोल ज़िंदगी को ऐसे ही खिसटते रहते

174. Ja tujhe maaf kia जा तुझे माफ़ किया

दिल दुखाने वाले जा तुझे माफ़ किया

तेरे लिए दिल को हमेशा के लिए साफ़ किया

वैसे तो जब मिले थे तू बड़ा अजीब था
देखने में ऐसा लगा तू बड़ा शरीफ़ था
जब भी पलकें झुकी तू मेरे करीब था
मैंने ये तय किया तू ही मेरा नसीब था
हर लम्हा निहारने को जिसे दिल मचलता था
वक्त के साथ वो इंसान बदल गया था
तेरे ही ख़्याल थे, तेरी ही जुस्तुजू थी
तेरी ही यादों से दिलों दिमाग़ आबाद था
ना रातों को चैन थी, ना दिन को सुकून था
उदासी का सिलसिला था, तुझे पाने का जुनून था
क्या कहूँ कितनी बेबस थी तेरे चले जाने के बाद
ये दिल सुबह-ओ-शाम तेरे लिए बेसाख्ता तड़पता
था

175. Sarbaraha bata raha hai सरबराहा बता रहा है

ये ज़माना खुद को सरबराह बता रहा है
इंसानियत के लहजे की धज्जी उड़ा रहा है

कौम है के कहाँ से कहाँ जा पहुँची है अब तक
ज़माना है के पुराना ही पाठ बार बार दुहरा रहा है

बढ़ते हुए कदमों में ज़ंजीर डाल कर अब
अपनी सरबराही का भरपूर फ़ायदा उठा रहा है

माता पिता ही हैं चारों धाम, ख्याल रख इनका
क्यूँ ज़िम्मेदारियों से तू नज़रें चुरा रहा है

176. Aaine ke moqabil bolo आईने के मोक़ाबिल बोलो

आईने में देखो देखकर बोलो
जो बोलना है सोच समझकर बोलो
दिन के उजाले हो या शब के अंधेरे
खड़े रहकर आईने के मोक़ाबिल बोलो
आईना बोलता नहीं झूठ कभी भी किसी से
जो भी बोलो एकदम सच-सच बोलो
दोहरे चरित्र लिए फिरते हो महफ़िलों में
आईने में जब बोलो नज़रें मिला कर बोलो
जैसे दिखोगे, जैसे लगोगे, वैसा ही बयान करेगा आईना
सच्चे चरित्र वाले बनकर ही आईने में बोलो
अपना अक्स भी काट खाने को दौड़ेगा
गर जानवर सा कभी आईने में बोलो

177. Pita ghar se bahar पिता घर से बाहर

आज की शब अकेली सड़क पर मैं
राही अकेला ही चला जा रहा था
किसी के चीखने के शोर पे फिर
मैं पलटा तो देखा कोई कराह रहा था
वो इंसान ज़यीफ़ चलने के लायक नहीं
बुख़ार की तपन से जला जा रहा था
जिसने छोड़ा था लाके था वो कमबख़्त औलाद
अपना पीछा पिता से वो छुड़ा रहा था
अब वो जाए भी तो जाए कहाँ और किधर
मैं था कि उसे ढाड़स बांधाए जा रहा था
वो तने तनहा अब परेशान था लाचार था
मेरा फ़ैसला, मैं उसे अपने घर ले जा रहा था

178. Banaras बनारस

बनारसी ठग देखो, बनारसी पान देखो
बनारस आकर भगवान का सम्मान देखो
अस्सी घाट पे नावों की कतार देखो
नावों पर सवार हो गंगा की सुंदरता अपार देखो
मणिकर्णिका घाट पर इंसानों का अंतिमविराम
देखो
दासाश्वमेध घाट पर आरती होते सरेआम देखो
सारे घाटों का अस्तित्व और मकाम देखो
साधु-संतों का झुंड और उनकी शान देखो
बनारसी साड़ी देख पर्यटक होते हैरान देखो
बुनाई की आवाज़ें बुलंद करते मकान देखो
देशी विदेशी सबी तरह के आटे यहाँ मेहमान
देखो
मेहनतकशों की नगरी है बनारस, सारा जहां देखो

179. Jo Pyaar na hua जो प्यार ना हुआ

ये जीवन किस काम का जो प्यार न हुआ
ये ज़िंदगानी नाकाम सी गर एकरार न हुआ
प्यार करो तो बस एक ही के होकर रहो
हर किसी से जो हुआ वो हरगिज़ प्यार न हुआ
वफादारी ही मोहब्बत का पहला ज़ीना है जनाब
गर वफादारी नहीं तो आपको इश्क़ का ख़ुमार न हुआ
करवटें बदल-बदल कर करो अब ज़िंदगी तमाम
किसी के भी प्यार का तू अब तक हक़दार न हुआ
अपने इशारे पर तू इश्क़ की बुनियाद चाहता रहा
यही वजह रही के कोई भी जाँ निसार न हुआ
ख़ुदग़र्ज़ी की पटरी पर चलती रही ज़िंदगी की गाड़ी
जीवन भर लोग आये गए पर कोई गमगुसार न हुआ
इश्क़ के लिए तेरा समर्पण अधूरा था, अधूरा ही रह गया
इसीलिए आशिक़ों के पंक्ति में कभी तेरा शुमार न हुआ

180. Gudiya गुड़िया

छोटी सी गुड़िया, जादू की पुड़िया
हंसे हंसाएं, सदा खिलखिलाएं
बच्चों की रानी बड़ी सायानी
रोते बच्चों को पल में हंसाएं

परियों सी पलकें झुकाए उठाएं
चंचल सी काया चाभी भरते घुमाएं
हिरनी सी आँखों को ऐसे घुमाएं
जिसे देख बच्चे फूले ना समाएं

उसके छोटे फ्रॉक बेल बूटे जड़े
जैसे कितनी ही खुशियां दामन में भरे
कलपते बच्चों को गुड़िया मिली जो कभी
अपनी सीने से लिपटा लेते हैं सभी

गुड़िया इनकी खुशियों का सामान है
गुड़िया ही बच्चों का सारा जहान है
गर गुड़िया हो जाए कभी भी जो गुम
तो कहते हैं बच्चे कहीं से भी लाकर दो तुम

बच्चे भोले हैं, मासूम हैं, नादान हैं
गुड़िया इन सबके खुशियों का सामान है

181. Tere begair तेरे बेगैर

मैं टूट कर बिखर गई तेरे बेगैर
ये दुनिया कभी भी रास न आई तेरे बेगैर
कितने अरमान तुझसे जुड़ गए थे मेरे
तू नहीं तो कुछ भी सुहाता नहीं तेरे बेगैर

रात दिन की खुशियाँ मुंसलिक थी तुझसे
अब तो अक्सर कुछ भी भाता नहीं तेरे बगैर
चांदनी रातों में रेत पे तेरा नाम लिखना मिटाना
कुछ दिनों से कुछ भी जंचता नहीं तेरे बेगैर

सब तरह से मुतमइन हूं फिर भी अधूरी सी हूं
ज़िंदगी में कुछ भी मायने रखता नहीं तेरे बेगैर
लोग कितने आए गए, ज़िंदगी के दौर में
कोई भी दिल को अब तक भाया नहीं तेरे बेगैर

अब तो जीने की तमन्ना भी ख़त्म हो गई समझो
दिल समझाने पे भी समझ पाया नहीं तेरे बेगैर
दिल को समझाने की अनंत कोशिश अब भी
जारी है
वो है कि कुछ भी समझने को राज़ी नहीं तेरे बेगैर

याद जब तेरी आती है सारी खुशियाँ छीन लेती हैं

दिल है कि कभी ख़ुश होना चाहता ही नहीं तेरे
बेगैर

जान भी तू, धड़कन भी तू, आँखों की ठंडक भी तू
दिल जीना चाहता ही नहीं, तेरी यादों के बगैर

182. Parda Hata Do पर्दा हटा दो

अमावस की रात है, आज रुख से पर्दा हटा दो
चांदनी को फिजा पे बिखरने दो, आज पर्दा हटा
दो
बहुत बेताब हैं निगाहें, निगाहों से मिलने को
मैं पूरे होश-ओ-हवास में हूँ, आज पर्दा हटा दो

निगाहें बोसा लेंगी तेरी बंद निगाहों की
लबों की जुम्बिश महसूस कर सकूं, पर्दा हटा दो
ये इल्तेजा है तुझसे, मेरे सामने तू आजा
दरमियाँ कब तलक रहेगा पर्दा, आज पर्दा हटा
दो

सुकून बख्शती है तेरी मौजूदगी चार सू
दुश्मन-ए-जान हैं ये पर्दा, ये पर्दा हटा दो
चलो आज सारे गिले शिकवे हम मिलकर दूर कर
ले
आज के बाद दोनों के दरमियाँ कोई खलिश न
हो, पर्दा हटा दो

183. Sau Sau Fitoor सौ सौ फितूर

नज़रों की तीर ने घायल किया
मुझे तेरी ओर मायल किया
छंछनाती पायल ने
तेरा मुख मोड़ लिया
खनखनाते कंगना ने
तुझे मेरी ओर किया
बांसुरी की धुन पे
मैंने ली अंगदाई
देख स्वयं तेरी ओर
खींची चली आई
लाल छोटी बिंदिया ने
तुझे किया मजबूर
दिल में तेरे उठने लगे
सौ सौ फितूर।

184. Tadapdna Ishq Me तड़पना इश्क़ में

तड़प कहते हैं किसे रात भर जो आहें भरे वही जाने
मोहब्बत कहते हैं किसे जो दिल्लगी में धोखे खाए वही जाने

इबादत कहते हैं किसे जो तमाम शब याद-ए-लाही में खो जाए
शिद्दत कहते हैं किसे जो तड़प की तापिश में खाक हो जाए

लज़्ज़त कहते हैं किसे जो मोहब्बत में मंज़िल पा जाए
बेचैन हालात कहते हैं किसे जो इश्क़ की लपटों में जल कर राख हो जाए

185. Khuda se nisbat खुदा से निस्बत

कौन हो, कहां से, किधर से आए हो तुम
आते ही मेरे दिल-व-दिमाग पे छा गए हो तुम
पहले तो मैं स्वच्छंद घुमती फिरती हुई तितली थी
अब हैरतजदह हूँ के कैसे मेरे अंदर समा गए हो तुम
इतने बड़े शरीर में एक छोटा सा दिल ही तो अपना था
इस पर भी कब्ज़ा करके अपना बना गए हो तुम
दिन का सुकून, रातों की नींद भी ख़त्म हुई समझो
दिन और रात पर भी अपना पहरा बिठा गए हो तुम
तेरी मौजूदगी ने मेरा बहुत कुछ छीन रखा है
खुदा से निस्बत, माँ बाप से मोहब्बत के आड़े आ गए हो तुम
बता दो किस शर्त पे जाना है और कब तक जाना है
अपने पराये और जहांवालों से मेरे ताल्लुक तोड़ गए हो तुम

186. Aside असाइड

आओ आज अल्फ़ाज़ों के जादू चलाएं
मैं और तुम काश हम बन जाएँ
इस पल में कुछ ऐसा कर जाएं कि हमेशा हमेशा
के लिए हमदम बन जाएँ
मैं "पे" लिखूँ
तू पलकें झुकाएँ और होले होले मुस्कुराए
फिर मैं "ये" लिखूँ
और तू मेरी बाहों में आने को बेकरार हो जाए
और तुझपर मदहोशी का ख़ुमार छा जाए
जब मैं "अलिफ़" लिखूँ तो
तू मदहोशी के आलम में मेरी आगोश में आ बैठे
अब मैं क़रीब होता जाऊँ और तू क़रीबतर होती
जाए
मेरे "रे" लिखते ही तुझे मुझसे प्यार हो जाए
और तू मेरी बाहों में बूंद बूंद पिघलती जाए
तुझपर इश्क़ का ख़ुमार इस क़दर तारी हो कि
तू मुझे दावत-ए-इश्क़ दे
और जैसे ही तू दावत-ए-इश्क़ दे
मैं तेरे दावत-ए-इश्क़ को कुबूल कर लूँ
और तेरे इश्क़ में सराबोर हो जाऊँ
तू क़रीबतर इतनी हो कि मैं तेरे शानों पर सर
रखकर

हमेशा हमेशा के लिए सो जाऊँ

187. Waqt वक़्त

किसी की मजाल नहीं जो दख़ल दे जाए मुझमें
हम जब थम जाएँगे तब मात दे पाएगा वक़्त
जब तक हौसला है, हिम्मत है, जज़्बा है
तब तक साथ निभाएगा ये ज़ालिम वक़्त
वक़्त बुरा हो या के हो वक़्त अच्छा, डटा रह
अपनी जगह
हालात कभी झुका न पाएँगे चाहे जितनी कोशिश
कर ले वक़्त
वक़्त के मारे वक़्त आने पर ही संभला करते हैं
ना वक़्त से आगे ना वक़्त के पीछे
वक़्त ही संभालता है इन्हें आने पर वक़्त

188. Pyaar प्यार

या प्यार को रुसवा होने दे
या यूंही प्यार को बदनाम न कर
गर चाहत है मिलन की मुझसे
तो जवानी को गुमनाम न कर
मा-बाप के कहने पे पलट जा
या सरे-आम मुझ पर कोई इलज़ाम न धर
दिल दिया है तो जिस्म भी सोंप देना
यूंही मुझपर कोई एहसान न कर
मुद्दत गुज़र गई शब-ए-वस्ल को
मेरे पास आजा या कोहराम न कर
जब तलक ये मिलन पूरा न हो
एक पल के लिए भी आराम न कर
दुनिया से टक्कर लेने का हौसला रख
बैठे बिठाए यूं ज़िंदगी तमाम न कर

189. Museebat मुसीबत

मुसीबत गले पड़ गई तो हटती नहीं
समेटो लाख सही सिमटती नहीं

मुसीबत के मारे हैं सबके सब
किसी को भी ये बख्शती नहीं

मुसीबत की आंधी जो आई तो लोगों
कितना भी हटाओ ये हटती नहीं

190. Long Distance Relationship लाँग डिस्टेंस रिलेशनशिप

मैं बेहेकती रही, वो संभालता रहा
विश्वास की डोर से बंधता रहा
कभी अनदेखा करके मेरी हरकतों को
ज़िंदगी के गुर सिखाता रहा

अश्क पलकों पर न आने पाए कभी
दूर रहकर भी मुझको हंसाता रहा
गलती भी मेरी, ख़ता भी मेरी
उलटे वही मुझको मनाता रहा

मेरे दिल मेरे ख्वाहिश, मेरे जज़्बात रखने को
दोनों हाथों से पैसे लुटाता रहा
लाँग डिस्टेंस रिलेशनशिप के दरमियां
आपसी मन-मुटाव न आता रहा, न जाता रहा

191. Apne huye paraye अपने हुए पराए

जो कल तक अपने थे, आज पराए हैं,
ये सारे के सारे माँ जाए हैं।

अब तो माँ जाओ में भी छिड़ गई है खुराफात,
दिल टूटा, घर टूटा, टूट के बिखर गया परिवार।

कहाँ जाए इस भरी दुनिया में तलाशने अपनों को,
अपनों ने ही अपनापन में जलाया रिश्ता हर बार।

192. Chatukaar चटुकार

अपने कद्द से नीचे गिरते लोग,

गिरते गिरकर उठते संभलते लोग,

दूसरों की टांगें नोचते खसोटते लोग,

उसी टांग से लटक कर आगे बढ़ते लोग।

लोगों का क्या कभी इस थाली, कभी उस थाली,

जूठे चाटते लोग, चटुकारी करते लोग।
खूब निभेगी जो मिल बैठेंगे दो चटुकारी लोग,

एक ही थाली के चट्टे बट्टे दिल देहलाते लोग

193. Main hee ulha मैं ही उल्हा

शहर का माहौल बेहद बोशीदा हो गया,
शोर-शराबा, हंगामा बरपा हो गया।

लीजिए बगलगीर ने ही आँखें फेर ली,
वो जो एक मुद्दत से था, भरोसा खो गया।

कितने निर्लज दिन-बदिन होते जा रहे लोग,
मुझसे ही काम निकाला और मैं ही उल्हा हो
गया।

194. Ashq अश्क़

आँखों में फिर से अश्क़ आया है,
फिर से कोई दिल में समाया है।

फिर इतिहास ने अपने-आप को दोहराया है,
फिर से एक बार पुराना दिन लौट आया है।

फिर से वही इश्क़ का बहाना है,
फिर से रूठ गया ज़माना है।

फिर से वही दुखभरे दिन आ पहुंचे,
फिर से वही फुर्क़त का फ़साना है।

दिल तोड़ कर जाने वाले,
तेरा इरादा काफ़ी पुराना है।

ज़ख़्म जो दिए थे तूने,
उसे अब भी बाक़ी मुरझाना है।

तेरे गम के साथ जीते मरते हैं,
तेरा गम आखिरी दम तक निभाना है

195. Global Warming ग्लोबल वार्मिंग

ग्लोबल वार्मिंग का जमाना है,
गर्मी चरम पर है, पसीना बहाना है।
धरती प्यासी है, जीव-जंतु प्यासे हैं,
किसानों को फ़सल भी तो उगाना है।

नहर सूख गए, पोखर तालाब भी सूख गए,
नदियाँ सूख गईं, सागर भी सूख गए।
धरती पर वर्षा प्रॉपर होती नहीं,
धरती के जल नल कूपों से अब निकलते नहीं।

असंख्य पेड़-पौधे कटते चले गए,
वृक्षारोपण के बाद वृक्ष उनकी जगह न ले सके।
धरती पर सबका बहुत बुरा हाल है,
ग्लोबल वार्मिंग जैसी की तैसी है, कुछ भी नहीं हो
पाया कमाल है

196. Dil me fir se dhuan दिल में फिर से धुआं

दिल में फिर से धुआं उठा है
कोई बेवफाई कर रहा है
कोई कहकहाज़ार महफ़िलें सजा बैठा है
कोई तिल-तिल मर रहा है

किसी की ज़िंदगी में बहारें हैं
कोई ख़िज़ाँ से लड़ रहा है
किसी ने सब कुछ भुला दी है
कोई हर पल जल रहा है

किसी ने दिल फेंक अदाएं अपना ली
कोई हर किसी से ज़माने में झगड़ रहा है
किसी के जिस्म पे दुल्हन का जोड़ा सजा है
कोई उधर सुपुर्द-ए-ख़ाक हो रहा है

197. Burai ka sar neecha hai बुराई का सर नीचा है

जिस्म के लिबास में
मेरी रूह पाकीज़ा है

ख्वाहिशों की कुर्बानियाँ देकर
मैंने इसे जो सींचा है

बुराई और अपने दरमियाँ हमने
एक लक्ष्मण रेखा खींचा है

दरेयार की ख्वाहिश छोड़ कर
खुद से ही खुद को भींचा है

मैं निजात पा गई हर गम से
मेरे सामने बुराई का सर नीचा है

198. Deshbhakt देशभक्त

रास्ते अलग हैं, कारवां अलग है
यहां हर किसी का मोकम्मल जहां अलग है
यहां सोच अलग है, समझदारी अलग है
यहां लोगों से पेश आने की रवादारी अलग है

यहां सपने अलग हैं और अपने अलग हैं
यहां सपने साकार करने की तैयारियां अलग हैं
यहां हर किसी के लिए सबके खयालात अलग हैं

यहां अनेकता में एकता है, समग्र भारत एक है
यहां के लोगों के संस्कार बहुत ही नेक हैं
यहां मिल्लत है, एकाई है, भाईचारा है
यहां सभी एक-दूजे का सहारा हैं

यहां के रस्म-ओ-रिवाज अद्वितीय हैं
यहां तो मेहमान भी पूजनीय हैं
यहां हिंदू मुस्लिम सिख ईसाई हैं
यहां की सारी जनता भाई-भाई हैं

यहां लड़ाई है, झगड़ा है, दंगा है
इसके बावजूद भी हर किसी का मन पावन गंगा
है

यहां पर साकार होते सभी के सपने हैं
यहां पर सारे देशवासी अपने हैं

यहां पर विविध धर्मों में भाईचारा है
और इस देश में एक साथ ही रहना हमें गवारा है

199. Hum ek hain हम एक हैं

वो खेती लफ्फाज़ी की करने लगे हैं
अपनी बातों से बराबर मुकरने लगे हैं

वादे तो कई थे जो अल्फाज़ ही रह गए
देश को बाँटने की कुछ लोग साज़िश फिर से
करने लगे हैं

हिन्दू हिन्दुत्व कब ख़तरे में आ गया
हिन्दुस्तान में तो सब एक जुट्ट रहने लगे हैं

कोई भी ताकत हिन्दुस्तानियों को मसल नहीं
सकती
वो कंधे से कंधा मिलाकर चलने लगे हैं

विदेशियों को मान सम्मान भी देते आए हैं हम
बाहरी ताकत को बाहर खड़ेदने भी लगे हैं

हिन्दुस्तानियों के जज़्बे को हज़ारों हज़ार सलाम
दुश्मन-ए-जान जो है उनके दाँत खट्टे करने लगे
हैं

इस मुल्क की सरहद में कोई आ नहीं सकता

इस मुल्क की निगहबानी सारे अफ़्राद करने लगे हैं

200. Maazi माज़ी

किस्सा सुनाने जो बैठा सामने माज़ी था
किस्से से हर इंसान मुत्तफ़िक और राज़ी था।
दौड़ धूप के साथ, कठिन परिश्रम था।
पसीनों के सैलाब में गोता खाता जीवन था।
कभी अश्रुओं की धार थी, कभी मुश्किलों की
कटार थी,
कभी सर पर कठिनाइयों की लटकती हुई
तलवार थी।
जद्दोजहद चरम पर था, कोशिशों का मंथन था।
तब जा कर जीवन में, आया सरगम था।
लहराया कामयाबी का परचम था।

Thank you,

Abda Khatoon

शुक्रिया,

आबदा खातून

www.ingramcontent.com/pod-product-compliance
Lightning Source LLC
LaVergne TN
LVHW021137160826
845679LV00023B/1942

* 9 7 9 8 8 9 0 6 7 3 0 7 7 *